Caminhos cruzados

Teatro de Dança Galpão
1974-1981

SERVIÇO SOCIAL DO COMÉRCIO
Administração Regional no Estado de São Paulo

Presidente do Conselho Regional
Abram Szajman
Diretor Regional
Danilo Santos de Miranda

Conselho Editorial
Ivan Giannini
Joel Naimayer Padula
Luiz Deoclécio Massaro Galina
Sérgio José Battistelli

Edições Sesc São Paulo
Gerente Marcos Lepiscopo
Gerente adjunta Isabel M. M. Alexandre
Coordenação editorial Clívia Ramiro, Cristianne Lameirinha
Produção editorial Juliana Gardim, Rafael Fernandes Cação
Coordenação gráfica Katia Verissimo
Coordenação de comunicação Bruna Zarnoviec Daniel

Caminhos cruzados

Teatro de Dança Galpão
1974-1981

Inês Bogéa

Assistentes de pesquisa Marta de Freitas, Ondina Castilho
Cronologia Inês Bogéa, Acácio Ribeiro Vallim Júnior

Preparação André Albert
Revisão Tulio Kawata
Projeto gráfico Luiz Trigo

B64486c Bogéa, Inês
Caminhos cruzados: Teatro de Dança Galpão: 1974 - 1981 / Inês Bogéa.
— São Paulo: Edições Sesc São Paulo, 2014. –
136 p.: il.

ISBN 978-85-7995-141-1
Cronologia
Bibliografia

1. Artes Cênicas.   2. Dança   I. Título.   II. Subtítulo.
CDD 792

Este livro teve início com a pesquisa decorrente do prêmio no Concurso de Desenvolvimento de Projetos de Pesquisa e Investigação em Dança da Secretaria da Cultura do Governo do Estado de São Paulo, por meio do Programa de Ação Cultural nº 25, de 2006.

Edições Sesc São Paulo
Rua Cantagalo, 74 - 13º/14º andar
03319-000 São Paulo SP Brasil
Tel. 55 11 2227-6500
edicoes@edicoes.sescsp.org.br
sescsp.org.br

sumário

Um refúgio para os espíritos livres
Danilo Santos de Miranda 7

Introdução: Caminhos cruzados 9

Ensaio: Teatro de movimento 13
    Contexto 14
    Conquista do espaço 22
    Linguagens do corpo (1975-1976) 30
    Próximos passos (1977-1978) 40
    Um espaço de tempo (1979) 58
    Gesto no espaço 62
    Outros desafios (1980-1981) 68

Cronologia 87

Notas 117

Referências 127

Créditos fotográficos 133

Sobre a autora 135

Um refúgio para os espíritos livres

Tendo o corpo humano e sua motricidade como suporte de manifestação e de leitura, a dança segmenta poeticamente o conteúdo em forma. Ao desenhar uma sequência de movimentos corporais, sejam eles cotidianos ou não, a dança traz símbolos por meio dos quais nos reconhecemos, e assim, de maneira bela e fugaz, ela evoca nosso repertório de representação e entendimento do mundo.

Podemos dizer que a experiência estética da dança é capaz de construir um conhecimento sensível que favorece a percepção sobre o próprio corpo, os outros corpos e seu entorno, traduzindo suas maneiras de ser e estar.

No entanto, essa virtude da dança – que se estende à arte em geral – se concretiza em liberdade. O artífice precisa suprimir limites, preconceitos e quaisquer elementos repressivos para fazer eclodir sua criação. Em síntese, precisa de espaço, e no sentido mais amplo da palavra. E foi exatamente este o papel do Teatro de Dança Galpão, em plena ditadura militar: tornou-se um ponto de encontro da vanguarda da dança moderna e o nascedouro de uma transformação cujas raízes se estendem até os nossos dias.

Destinado ao fomento da dança pelo poder público, condição até então inédita que já mereceria um trabalho de memória, o espaço foi emblemático de um movimento de resistência criativa. Além do trabalho de pesquisa residente iniciado por Marilena Ansaldi, a sala abrigou grupos nacionais e internacionais, e as diferentes linguagens, afinal as artes se uniam naquele momento como vias possíveis para manifestar o descontentamento, a sátira e o discernimento que surgem do livre pensar, que nos humaniza.

Tomando emprestada uma alegoria nietzschiana, ali se cruzaram os caminhos dos "espíritos livres" de Ismael Ivo, Renée Gumiel, Ivaldo Bertazzo, Célia Gouveia e Mara Borba, dentre outros, que se tornaram personagens de um período fecundo de experimentação na dança. A presente publicação narra esse contexto com nuances de diferentes fontes documentais, oportunamente em formato de ensaio, com uma cronologia das montagens ao final. Trata-se de uma referência importante para aqueles que pesquisam a dança no Brasil em suas dimensões histórica, artística e política.

Para o Sesc, esta é uma oportunidade de reafirmar o desígnio de educação permanente da instituição, baseado no acesso ao conhecimento sedimentado e suas perspectivas latentes de transformação social.

Danilo Santos de Miranda
Diretor Regional do Sesc São Paulo

Introdução: Caminhos cruzados

A década de 1970 foi um grande período para a modernização da dança brasileira. Nesse tempo, conjugou-se o experimentalismo com uma nova sensibilidade de comportamento; foi quando se deu um deslanche da dança cênica, com o surgimento de vários bons criadores. O Teatro de Dança Galpão, em São Paulo – primeiro espaço dedicado à dança cênica com subsídios do governo –, catalisou muitas pessoas e movimentos, caracterizando-se como um palco de liberdade e experimentação que agregou o melhor da inovação na área. Os artistas romperam com as barreiras entre as artes, fazendo novas associações: o teatro e a dança estiveram mais próximos; as artes plásticas, com os *happenings* e as *performances*, também faziam do corpo sua forma de expressão, criando para si alternativas de existência. A arte tematizava o dia a dia e trazia à tona conteúdos políticos, em pleno tempo de ditadura e repressão no Brasil.

Foi um momento em que se procurou a identidade brasileira na criação artística, requerendo autonomia em relação ao padrão tradicional europeu, vinculado à técnica clássica. A busca da singularidade na dança cênica procura raízes e estimula novos olhares sobre nós mesmos. As mudanças se dão primeiro pela escolha dos temas e depois pelas transformações corporais no movimento – processo que sofrerá sua necessária decantação com o tempo.

Passaram pelo palco do Galpão profissionais renomados e jovens dançarinos à procura de novas maneiras de expressão e comunicação. Cada *performance* parecia projetar um mundo particular, em busca da liberdade de experimentação revelando novas formas de cooperação, questionando na cena a própria arte da dança, sua forma e estrutura interna. A vanguarda assumia o sentido duplo da palavra: inovação e batalha.

Nesta pesquisa, procuramos não apenas refletir sobre o que se passou no Galpão, mas também registrar pegadas disso, já que muitos dos que lá estiveram continuam na ativa, fomentando a dança no país. Além disso, buscamos criar um panorama que ilustrasse esse momento da dança em São Paulo. Nada se deu de modo isolado, e a relação entre as diversas áreas artísticas mostra a cada um de nós, hoje, possibilidades de entender a sua própria área. Nesses caminhos cruzados, encontramos a real motivação e as reais trocas existentes entre as artes; ali se define uma corrente de pensamento que permeia todo o período.

Nem toda experimentação de dança nos anos 1970 se deu no Teatro de Dança Galpão, embora tenha sido ele um grande foco. O início dessa vertente mais experimental na dança tem raízes em precursores como a gaúcha Chinita Ulmann (1904-1977) e os estrangeiros Renée Gumiel (1913-2006), Maria Duschenes (1922-2014), Yanka Rudska (1916-2008) e Vaslav Veltchek (1896-1967), difusores de uma nova maneira de pensar a dança que atuaram, sobretudo, em sala de aula.

A experiência do Balé do IV Centenário (com início em 1953 e término em 1955) inaugurou um processo de conscientização e profissionalização dos intérpretes de dança que passou pela organização do Corpo de Baile Municipal, em 1968 – e sua modernização em 1974 –, e consolidou-se com a fundação do Balé Stagium, em 1971. Com isso, pouco a pouco, ampliou-se o mercado de trabalho da dança e fortaleceu-se a diversidade que hoje se vê.

Nesse sentido, o Teatro de Dança Galpão marcou um momento especialmente rico, não só pelos espetáculos, mas também pelo trânsito de linguagens e informações que circulavam por esse espaço – sem falar na expressiva plateia, que acompanhava de perto o que lá se dava. Criadores, público, críticos e intérpretes, todos de alguma maneira participavam; naquele contexto, ninguém com esse espírito de pesquisa e experimentação poderia ficar de fora de tal espaço de liberdade. Nos anos 2000, em que vários teatros se abrem para a experimentação[1] e os editais públicos ampliam sua ação, este texto se propõe a observar os movimentos da área no período do Galpão, comentando alguns dos espetáculos que marcaram a história desse espaço e da nossa dança; a refletir sobre a profusão de ideias e caminhos que enriqueceram esse período; e a mostrar como a experimentação em dança nos anos 1970 foi influenciada pelos ventos novos que as vanguardas traziam para a relação do corpo com a sociedade. Quarenta anos depois, parece fundamental um resgate da memória do Teatro de Dança Galpão.

Não se deve esquecer a efemeridade da arte da dança e as dificuldades que isso acarreta na sua historiografia. Para estudar esse período, contamos com depoimentos, programas de espetáculos, fotografias, alguns vídeos, textos publicados em jornais, arquivos particulares e públicos, como os do Centro Cultural São Paulo e os do Balé da Cidade de São Paulo. Na cronologia, feita com a colaboração de Acácio Ribeiro Vallim Júnior, crítico de dança ativo na época[2], optamos por listar os espetáculos que de alguma forma deixaram registros escritos, mesmo correndo o risco de ter lacunas. Já no ensaio buscamos apreender criticamente o que de marcante aconteceu no período de 1974 a 1981. Que outros pesquisadores possam vir e ampliar este esboço, complementando a história.

A lista de colaboradores é grande, e não há como citar cada um: agradeço de coração a todos que tornaram possível esta pesquisa, contribuindo para o resgate de uma parte significativa da história da dança no Brasil.

Contexto

Nos anos 1970, a dança buscou com especial empenho sua natureza e expressão, repensando sua estrutura interna, chamando a atenção para o corpo e sua movimentação, fazendo emergir uma densidade expressiva que eclodiu em diversas frentes e que se aprofunda até hoje. Muitas questões foram abertas: qualquer movimento podia ser material para a dança; música, figurino, cenário, iluminação e dança tinham suas estruturas internas conectadas no todo da obra, porém com identidades próprias; todos os dançarinos eram ao mesmo tempo solistas e parte do grupo; o espaço cênico não seguia mais integralmente a lógica tão hierarquizada da frontalidade e da centralidade; qualquer espaço podia ser um palco para a dança.

Toda uma disposição marcou a fundo o tempo e o espaço dessa arte, num momento em que o Brasil sofria pressões do ambiente social e político. Eram tempos de repressão intensa, de ditadura militar – e, por conta disso, também de uma arte de protesto, de resistência e liberação, engajada com a realidade a sua volta. Na virada da década (1968-1974), o país viveu o "milagre econômico", com um crescimento médio do PIB em torno de 11% ao ano, uma das maiores taxas mundiais da época. O "milagre", evidentemente, não foi igual para toda a população, provocando uma crescente concentração de renda. Em 1974, Ernesto Geisel (1907-1996) assumiu a Presidência da República e o governo investiu na indústria de base (aço, fertilizantes, produtos petroquímicos, etc.) e em grandes obras de infraestrutura. Nos anos seguintes, a inflação e a dívida externa aumentaram enormemente. Mas foi o mesmo Geisel que pretendeu devolver a democracia ao país, de maneira lenta e gradual. A situação, no entanto, ainda era violenta: o jornalista Vladimir Herzog, num dos exemplos mais notórios do arbítrio da época, foi torturado e morto em outubro de 1975, depois de se apresentar à polícia para depoimento.

A liberdade e a expressão contestatória individual e em grupo estavam tolhidas pela ditadura; em contraponto, podia-se encontrar espaço no próprio corpo, ampliando as sensações de comunicação e entendimento. Esse foi o momento em que várias artes abriram espaço para o trabalho de pessoas "comuns" (não profissionais), quebrando a separação entre arte e vida, e dando início a um novo relacionamento entre artista e audiência.

Em São Paulo, a década de 1970 foi mesmo um grande momento para a modernização da dança: em 1971, Marika Gidali e Décio Otero criaram o Ballet Stagium, procurando dialogar com as raízes populares da cultura do país sem abrir mão da linguagem erudita. Em 1974, o Corpo de Baile Municipal, criado em 1968, procurou uma identidade nacional e moderna, sob a direção de Antônio Carlos Cardoso, escapando do repertório clássico que marcava seu trabalho até então[3].

Como comenta a bailarina e coreógrafa Susana Yamauchi:

> [...] essa mudança de direção não significava apenas uma nova gestão, significava uma mudança drástica enquanto enfoque. Quando Antônio Carlos Cardoso entra em cena como diretor [em 1974], ele traz uma proposta de discutir no palco assuntos que eram pertinentes à nossa época, àquilo que nos perturbava, algo que fosse realmente brasileiro. Ele trazia para trabalhar no Balé pessoas que tinham uma bagagem de técnicas completamente novas, professores que ensinaram muito aqui. A própria Sônia Mota, o Victor Navarro, a Marilena Ansaldi, esse povo todo vinha

de fora e vinha cheio de energia, de coisas para ensinar, trocar. Essa virada tem um significado importantíssimo na dança paulista[4].

Ainda nesse ano, foi inaugurado, por iniciativa da bailarina Marilena Ansaldi, o Teatro de Dança Galpão. Esse espaço de estudo e experimentação era mantido com verba pública (1974-1981) e foi apoiado por Pedro de Magalhães Padilha, secretário de Estado da Cultura, Esporte e Turismo do governo Laudo Natel.

Para Yamauchi:

> [...] buscávamos novas linguagens, novas maneiras de nos mover. O Galpão serviu também de preparação [para uma mudança de entendimento], porque chega uma hora em que a dança não deve ser só física; tem que passar de um momento físico para o intelectual e o espiritual. Quando você chega num bom nível técnico e se questiona: "Bom, mais piruetas do que isso você não vai fazer". Aí depois você se questiona: "Por que fazer tanta pirueta?", "Qual é o objetivo disso?". O Teatro Galpão trazia figuras que compreendiam muito bem a mudança, professores que ensinavam tanto a dança clássica para bailarinos modernos quanto as técnicas modernas para bailarinos clássicos[5].

Pouco depois, em 1977, surgia o grupo Cisne Negro, dirigido por Hulda Bittencourt, reunindo bailarinos e atletas numa dança livre e vigorosa. Apareceram, ainda, alguns importantes grupos pequenos, como o Andança (1977-1981), e outros foram reestruturados, como o Grupo Experimental de Dança (1977-1981), de Penha de Souza – influenciado pela técnica de Martha Graham, com ênfase nas contrações, na ligação com o chão, mas com uma outra textura –, e o Grupo de Dança Renée Gumiel (1968-1987), que apresentava uma linguagem ligada à dança de expressão.

Em todo esse período, era clara a procura de novas maneiras de se comunicar, o desejo de romper com as velhas regras em busca de um novo tempo, em que a relação do espaço, do corpo e das referências de conteúdo trouxessem para a cena a diversidade daquele momento. A dança desenvolveu temas políticos e sociais, ao mesmo tempo que se voltou para o movimento interno do indivíduo e suas questões relacionais. Não havia limites, nada que não devesse ser experimentado.

Conforme comenta a diretora de dança Iracity Cardoso:

> Nessa época havia uma grande união entre as artes: a dança estava muito ligada ao pessoal do teatro, que estava muito ligado ao pessoal da música. Havia ali uma grande comunhão de pessoas para enfrentar e encontrar ideias, para fazer com que se pudesse dizer as coisas que todos queriam dizer sem que a censura interferisse. Os anos [19]70 foram, também, os do *boom* da expressão corporal, pelo qual todos os atores de teatro iam fazer aulas de expressão corporal etc., porque o teatro também passou a utilizar muito mais o corpo na sua representação[6].

O que se passou nas artes no Brasil foi eco do que se passou no mundo. Nos Estados Unidos, entre outros fatos ocorridos de 1970 a 1976, alguns coreógrafos formaram o *The Grand Union*, liderado por Ivonne Reiner. Esse grupo, segundo a crítica de dança Sally Banes:

> [...] reunia-se para realizar improvisações com foco nas sensações internas, sem, no entanto, abandonar o interesse pelo movimento puro, criando cenas em que o uso da voz e do texto era permitido, retomando o fio narrativo que havia sido abandonado na década anterior[7].

Em contraponto, uma nova geração, menos radical, flertava com referências tão distintas quanto a moda e a comédia musical, e procurava a virtuosidade técnica. Nesses anos, também, Merce Cunningham (1919-2009) começava as primeiras experimentações de videodança.

Na Bélgica, em 1971, Maurice Béjart (1927-2007) abriu sua famosa escola Mudra [8] (Centro Europeu de Aperfeiçoamento e de Pesquisa dos Intérpretes do Espetáculo), um local de ensino multidisciplinar. Na França, em 1974, Carolyn Carlson dirigiu o GRTOP (Grupo de Pesquisas Teatrais da Ópera de Paris); em 1975, Jirí Kylián tornou-se codiretor do Nederlands Dans Theater (Teatro de Dança da Holanda) ao lado de Hans Knill, assumindo em 1977 a direção integral do grupo.

Na Alemanha, em 1973, Pina Bausch (1940-2009) veio a ser a diretora do Balé da Ópera de Wuppertal, promovendo ao longo daquela década uma grande mudança: o bailarino interpretava a sua própria personagem, havendo uma dissociação entre o gesto dançado e as situações representadas. O espetáculo se construía a partir de um jogo de perguntas e respostas com os bailarinos – perguntas que envolviam tanto aspectos do cotidiano ("O que você viu no mercado?") quanto pessoais ("Do que você se orgulha?"), ou ainda questões abstratas ("A esperança"). As respostas dançadas podiam ou não virar material para outras improvisações, as quais tinham possibilidade ou não de ser utilizadas posteriormente. Pouco a pouco, Pina Bausch ia selecionando gestos, alterando a forma dos movimentos, construindo cenas e montando seu grande quebra-cabeça. Todo e qualquer gesto poderia virar material da dança, o que não significa que isso pudesse ser feito de toda e qualquer maneira: nada do que se via no palco era improvisado, embora tivesse partido da improvisação[9].

Ao redor do mundo, o processo produtivo e criativo conectava-se a uma maior articulação de classe em busca de "dar-se conta" da vida moderna. Na dança, a materialidade se uniu à temporalidade de um sujeito que se entranhava nas coisas do mundo, transformava o corpo num vetor de ideias, repensando o seu meio. O trabalho artístico era um trabalho de fronteiras, em que a tônica podia estar no gesto, na presença do corpo ou no corpo como sujeito da ação.

Como exemplo dessa tendência mundial, no Galpão a dança inventava não apenas seu espaço próprio, disponível a todos, mas também uma cena singular, permanentemente aberta a novas configurações.

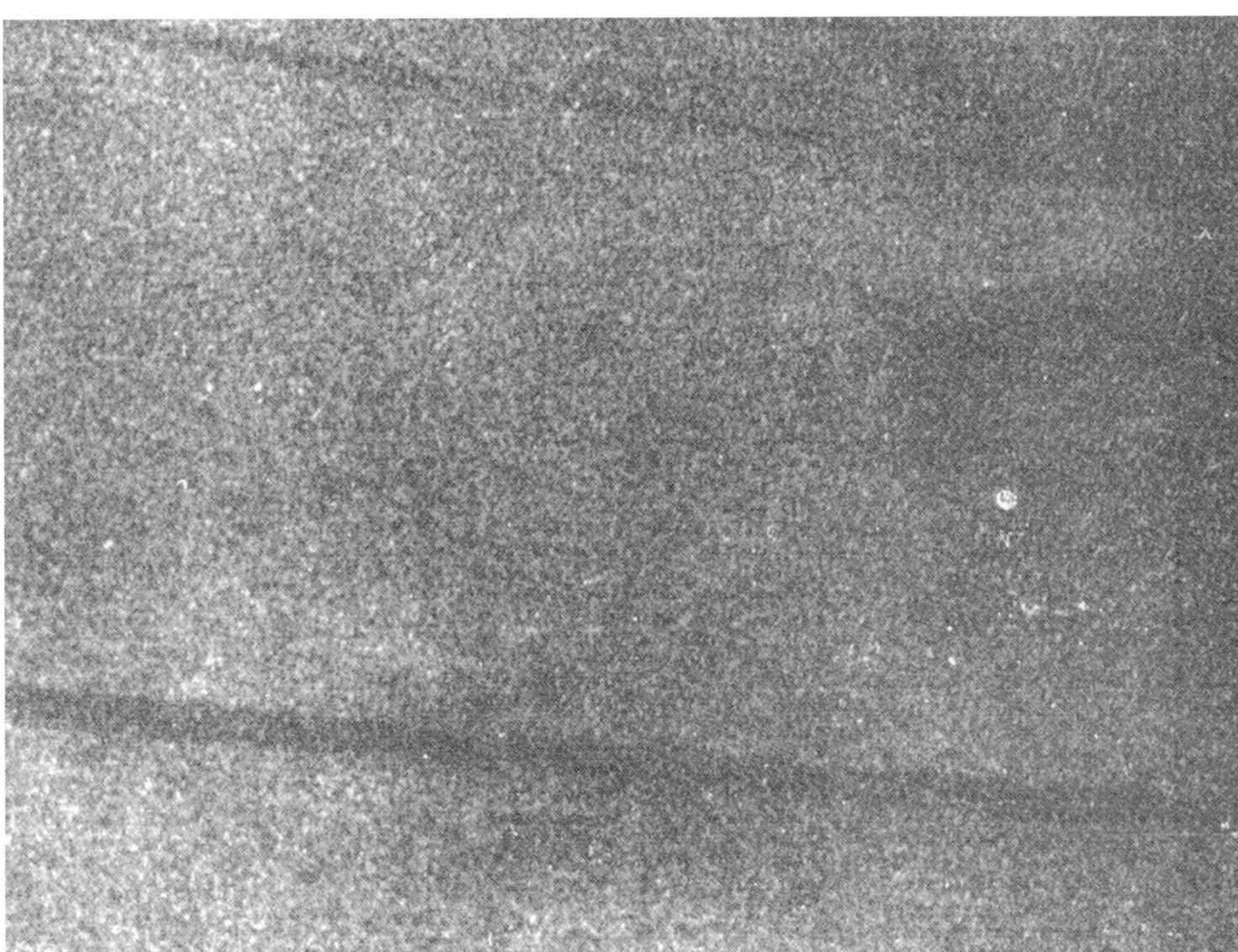

Conquista do espaço

A inauguração oficial do Teatro de Dança, na Sala Galpão do Teatro Ruth Escobar, foi um marco na história da dança brasileira: pela primeira vez o governo determinava um espaço para essa arte[10]. O secretário da Cultura, Esportes e Turismo, Pedro de Magalhães Padilha, apoiou a iniciativa da bailarina Marilena Ansaldi – figura central na criação e no desenvolvimento da ideia do Teatro de Dança Galpão – e a convidou para fazer parte do Conselho de Cultura de sua secretaria.

Ansaldi se pôs a procurar um espaço para a dança e decidiu-se pela Sala Galpão, inaugurada em 1966 – "uma estrutura metálica sobre o subterrâneo Teatro Ruth Escobar (ou Sala Gil Vicente)"[11], que abrira as portas em 1964.

> O teatro fora projetado para um terreno, no bairro do Bixiga, em São Paulo, numa área em que a municipalidade proibia construções teatrais. [...] Para fazer cair esta restrição, o vereador Francisco dos Santos Filho (conhecido como Chico das Cabras) entrou na Câmara dos Vereadores com o projeto de lei nº 155, de 3 de maio de 1961, solicitando permissão para a edificação[12].

Com o projeto aprovado em setembro de 1961 pela Câmara Municipal, a inauguração do Teatro Ruth Escobar aconteceu no dia 15 de dezembro de 1964, com a montagem de *A ópera dos três vinténs*, de Bertolt Brecht (1898-1956) e Kurt Weill (1900-1950). O espetáculo era dirigido por José Renato, com coreografia de Renée Gumiel, cenografia e figurinos de Flávio Império (1935-1985).

No início, havia apenas a Sala Gil Vicente; depois, o Teatro Ruth Escobar foi se expandindo e novos espaços foram inaugurados.

O primeiro foi a Sala Galpão, aproveitando um espaço ocioso na laje superior do Teatro. Esta sala foi inaugurada em 1966 por Ary Toledo, com seu espetáculo

Interior da Sala Galpão no Teatro Ruth Escobar

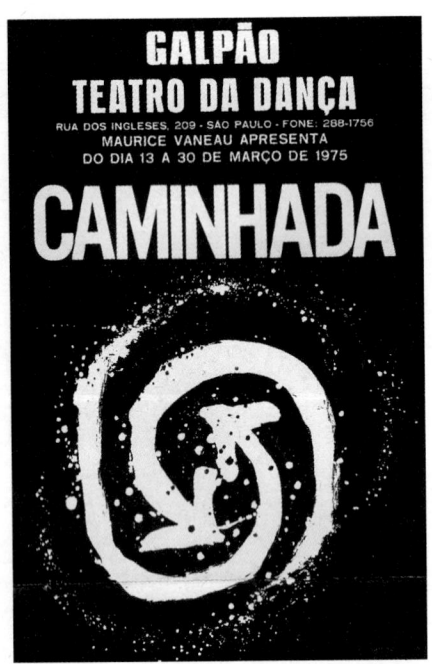

Cartaz do espetáculo *Caminhada*

A criação do mundo segundo Ary Toledo, transferido intempestivamente para a Sala Galpão por causa de um incêndio no Teatro Oficina, onde a peça cumpria carreira. Em seguida, em 1967, Ruth Escobar produz em O Galpão *Lisístrata*, de Aristófanes, com direção de Maurice Vaneau, seguindo-se outras importantes produções que encontraram nesta sala ubiquação adequada, tais como *O versátil Mr. Sloan*, *Roda viva*, *Romeu e Julieta*, *Os monstros*, até a recente *Revista do Henfil*. Outros espetáculos não produzidos por Ruth Escobar também encontraram em O Galpão seu espaço ideal, tais como *Castro Alves*, de Guarnieri, e os espetáculos onde a personalidade da bailarina Marilena Ansaldi emergiu teatralmente: *Isto ou aquilo* e *Um sopro de vida*. Também toda uma geração de pesquisa de dança produziu em O Galpão espetáculos experimentais bastante interessantes, com o patrocínio da Secretaria do Estado da Cultura, Comissão Estadual de Dança. São relevantes os nomes de Ruth Rachou, Juliana Carneiro, Célia Gouvêa, Maurice Vaneau, Ismael Ivo, Ballet Stagium, Sônia Mota [...][13].

O teatro Galpão ficou conhecido pela diversidade, como comenta o diretor teatral Marcio Aurelio:

[...] uma turma vinha do balé, outra da ginástica, outra da dança de expressão. A ideia de desconstrução de linguagem, de reorganizar isso em diferentes ideias – pelo uso da colagem, da sobreposição, da justaposição e da intersecção, as artes reconectando esse fios. Começa a surgir outro jeito de produzir a linguagem[14].

Enquanto o Galpão ganhava prestígio como espaço para acolher e provocar novas formas de expressão, foi inaugurado em 1969, no corpo do Teatro Ruth Escobar, uma nova sala: o Teatro do Meio. O espetáculo de estreia foi *O cão siamês*, com texto de Antonio Bivar, atuações de Yolanda Cardoso (1928-2007) e Antônio Fagundes.

A escolha do lugar, segundo Ansaldi, deu-se pela importância do ponto,

Cena de *Caminhada*, estreia
extraoficial do Teatro de Dança Galpão
À frente: Ruth Rachou e Célia Gouvêa

mesmo que o teatro não tivesse condições ideais: "[...] não tinha camarins, faltava água, as coisas não funcionavam a contento, no palco tínhamos [só] luz e gravador. Mas é isso mesmo, a gente tem que trabalhar com esses elementos, se essa é a nossa realidade..."[15].

Embora tenha sido feita uma pequena reforma no Galpão, as condições durante todo esse tempo da dança foram precárias[16]. Sua pré-inauguração aconteceu em 5 de dezembro de 1974, com *Caminhada*, da brasileira Célia Gouvêa e do belga Maurice Vaneau (1926-2007)[17].

O espetáculo unia dança e teatro, procurando levar o público a participar de uma experiência em que outros sentidos eram aguçados – a imagem plástica em relação direta com outras informações no palco. Para tal, os artistas utilizavam a improvisação em exercícios de expressão corporal, cuja finalidade era a de provocar

Ruth Rachou em *Caminhada*

algum grau de catarse e de liberação, tanto nos processos quanto no espetáculo. A improvisação estava ancorada na experiência cotidiana, procurando estímulos para ampliar a visão da ocupação do espaço e as possibilidades dos gestos e das palavras. O corpo "fala" e cria o seu próprio texto, as palavras trazem um engajamento emocional e são como catalisadoras da expressão corporal. A comunicação se dá por meio do aparato visual, plástico, sonoro, gestual e dramatúrgico, deixando espaço para que o espectador complete a informação.

Nas palavras de Célia Gouvêa:

> [...] estava voltando ao Brasil [vinda da Bélgica, onde estudou no Mudra] com um roteiro que queria realizar, e minha primeira questão era: "Onde?". Procurei a Ansaldi, que me disse: "A Secretaria da Cultura aluga um espaço que nunca foi utilizado porque todos acham que não dá, porque é um espaço inutilizável, onde o piso não é bom, mas vai dar uma olhada". Eu fui e realmente havia problemas com o piso, mas decidi ficar. Ao estrear *Caminhada*, mostrando que o espaço era viável, e era um espaço não convencional, desencadeamos toda uma produção mais voltada à experimentação[18].

A estreia teve boa aceitação crítica. Sábato Magaldi comentava que, em *Caminhada*:

> [...] o corpo parece livre para as mais insuspeitadas expressões. Uma pirueta do balé clássico se completa com uma postura cômica, num encadeamento que esconde a possível transição penosa. Assim aberto a infinitas expressões, o corpo ganha uma elasticidade e uma dinâmica especial das mais sugestivas. O espetáculo surpreende pela plasticidade e pela contínua exploração das formas[19].

Por meio dos gestos cotidianos explorados nas improvisações, buscava-se uma atuação despojada, que acessasse uma inteligência subterrânea, promovendo um contato com as intuições e emoções tanto do criador quanto da plateia e explorando mais profundamente a imagem da cena. Ou seja, trabalhava-se com o intuito de descobrir o melhor gesto, a melhor intensidade, a melhor forma de colocar-se na cena.

Segundo Roberto Trigueirinho:

> A noite começa com um espetáculo de teatro, uma quase viagem experimental pelo terreno da música, da percussão, da dança, da acrobacia e da voz. [...] E olhando, sentindo aquela limpidez – uma forma nua –, [...] necessitei passar por um processo de descondicionamento. Tive de romper comigo mesmo, com minha proposta – limitada, diga-se de passagem – de ser crítico da palavra, mais ou menos o que me aconteceu quando senti o impacto de *Life and Time of Dave Clark* (aquela maravilha que Bob Wilson mostrou, em abril, no Municipal)[20].

O descondicionamento da plateia vinha ao encontro da procura dos artistas por uma identidade, com base em suas próprias vivências. No espetáculo, de acordo com o programa, o tema da repressão foi abordado de diferentes maneiras nas "três caminhadas": a primeira, mais psicológica, quase um solo de Célia Gouvêa entre quatro paredes, com suas reflexões, angústias e pesadelos, perseguida por três sombras do inconsciente; na segunda, o grotesco e o cômico ganham espaço pela fragmentação dos textos repetidos e pela caracterização bizarra das personagens; e, na terceira, alusões políticas descrevendo a busca da identidade de um povo, na luta contra a repressão, por meio de gestos que partem do chão em busca de verticalidade.

Para Vaneau, o espetáculo é:

Um teatro espelho das angústias e aspirações do homem e que, tendo assimilado a tecnologia, volta à fonte, às origens mais profundas: à dança, e a partir dela reinventa uma linguagem – esvaziada por tantos anos de comercialização – que se manifesta através de sons, gestos e movimentos, numa experiência, numa *Caminhada*, exuberante e palpitante[21].

A estreia oficial da Sala Galpão como Teatro de Dança deu-se em 4 de março de 1975[22], com o Ballet Stagium dançando *Entrelinhas e D. Maria I, a rainha louca* – sendo esta a única vez em que o grupo se apresentou nesse espaço, apesar de sua estreia com casa lotada de autoridades e artistas. Embora o local tenha sido solicitado pelo grupo outras vezes, a Comissão de Dança, como comenta a diretora Marika Gidali, "achou que o espaço não poderia atender às necessidades técnicas de uma companhia de trânsito internacional".

Na estreia, o Stagium trouxe uma obra sobre a opressão: *Dona Maria I, a rainha louca*, de Décio Otero. Inspirado no *Romanceiro da Inconfidência*, de Cecília Meireles, Otero mostrou "[...] ser possível utilizar a dança como agente modificador de mentes e corpos", e assim "abria-se a janela a uma nova estética"[23]. Também o Corpo de Baile Municipal se apresentou no Galpão, em 1975 e 1977, mas companhias como essa, com estruturas mais estáveis, não foram a tônica do lugar. O espaço ficou marcado pela sucessão de pequenos grupos e de novas linguagens – grupos que, algumas vezes, nasceram e desapareceram nesse período, deixando vestígios nos corpos e na dança de seus intérpretes. Dois exemplos são o Casa Forte, dirigido por Edson Claro (1949-2013), com base em seu método

Dança-Educação Física, e o Andança, formado exclusivamente por mulheres.

No Galpão havia cursos gratuitos, com professores pagos pelo governo, além de espetáculos experimentais e debates. Era um centro efervescente de ideias, de grande importância para inúmeros profissionais ainda hoje na ativa.

Susana Yamauchi comenta o espírito do lugar:

> O Teatro Galpão era um teatro pequeno. Muita goteira, muita sujeira. Mas ali as pessoas respiravam energia de criação. Eu queria fazer aula de moderno e fui falar com a tal da Sônia Mota, que era superfamosa na época, tinha acabado de chegar da Europa. E ela vinha com ideias e com o espírito totalmente inovador. Nessa época, havia uma separação entre aqueles que têm técnica e aqueles que não têm técnica. Era difícil conseguir gente com técnica e com vontade de fazer coisas diferentes que não estivessem relacionadas àquilo. A Sônia Mota chegou a realmente demonstrar que é completamente possível você ter uma bagagem de conhecimento técnico, cultural e ao mesmo tempo trabalhar uma linguagem completamente popular. E, com Sônia Mota, vieram inúmeras outras pessoas, a Mara Borba, a Ansaldi [...][24].

O que se vivenciou no Galpão foi mesmo esse desejo de transmitir ideias, acionado pela capacidade corporal dos intérpretes, sempre distante da formalidade por si. Era a história – a história do presente, em tempo real – contada criticamente por meio dos gestos, emoções e intensidades, e exposta ao público como uma troca entre cúmplices.

Linguagens do corpo
1975-1976

No palco do Galpão se cruzaram uma ampla variedade de estilos, correntes artísticas, tendências e significados, que privilegiavam sempre a experimentação em vez das regras, sejam tradicionais, sejam autoimpostas. O reconhecimento do corpo como um poderoso instrumento social – o sujeito da dança, motor e suporte da vida –, a observação de seus movimentos – interiores e exteriores – e a percepção real da sua constituição trouxeram uma nova consciência da dança e abriram novas perspectivas para as criações. A cena tornou-se, por excelência, o lugar de contextualização e de representação do mundo. O passado virou um chão comum, repisado e repensado; as formas já estabelecidas, sem força de comunicação, precisavam ser renovadas.

O bailarino tornou-se, então, cada vez mais consciente da necessidade de olhar à sua volta e encontrar brechas, o que tinha outra urgência numa época de ditadura.

Em 1975, ano de início das atividades regulares no Teatro de Dança Galpão[25], Célia Gouvêa e Maurice Vaneau estiveram à frente de muitas ideias que ali encontraram seu espaço[26]. Vaneau fez uma denúncia, em *Allegro ma non troppo*, da crise do homem na cidade grande – a poluição ambiental, a violência e a complacência humana diante das mazelas deste mundo – na linguagem da dança, da mímica, canto e texto. Como diz o crítico Paulo Lara:

> Sua proposta de que "Já que não deixam falar vamos mostrar com gestos" tem um poder de síntese acima do que se esperava de um espetáculo pantomímico. Ali o gesto "fala", ridiculariza e, principalmente, incorpora uma crítica feroz e audaciosa do homem que, em nome da civilização, está prestes a destruir essa própria civilização com muitos poluentes que envolvem a sociedade de consumo, ganância pelo poder, pelo dinheiro etc[27].

Marilena Ansaldi em *Isso ou aquilo*

E Sábato Magaldi ressalta:

Caminhada, de fins de 1974, abriu a nova perspectiva, e *Allegro ma non troppo* a continua. Vaneau e Célia entregam-se à criação de uma pantomima sobre o problema da poluição em que são os autores os responsáveis pelo empreendimento e os principais intérpretes. Não seria exagero afirmar que, pela continuidade, nasce uma nova arte no Brasil, que até agora não teve uma marca profissional[28].

Ainda nesse ano, Célia Gouvêa produziu o espetáculo *Pulsações*. Nele, enfatizava-se a busca da expressão pelo movimento e a ideia de ação ou potencialidade de campos sensoriais, anunciando a condição de fenômeno e experimentação daquele espaço. "*Pulsações*[29], resultado do primeiro ano de trabalho desenvolvido nos cursos do Teatro de Dança[30], é uma espécie de fusão entre a dança clássica, a moderna, os sons, os ruídos e a música"[31].

Na relação com a música, também há inovações: na primeira parte, música eletrônica, que reproduzia ruídos de pássaros e insetos num jardim à noite; na segunda, o "Adaggieto", da *Quinta sinfonia* de Mahler; e, na terceira, sons dos próprios intérpretes e de um pequeno órgão.

O jornalista Celso Curi, ao comentar *Pulsações*, registra o crescimento da produção na área e ressalta que

[...] o Teatro de Dança Galpão – que a gente só lembra que um dia foi o Galpão de Ruth Escobar e que, quando chove, pinga na plateia – vem apresentando espetáculos que tem conseguido arrebanhar um tipo de público – jovem – que se mantinha afastado dos acontecimentos relacionados à dança, até há pouco tempo considerada um entretenimento para plateias sofisticadas[32].

Comentário ecoado por Marilena Ansaldi, em entrevista para a *Folha de S. Paulo*, sobre o público que assistiu a *Isso ou aquilo*:

> [...] "A maioria esmagadora dos que estão vendo o espetáculo é constituída de jovens." Isso, segundo Marilena Ansaldi, tem um significado mais importante do que se imagina no Brasil, onde a dança, sem falar no balé, encontra dificuldades para sobreviver [...][33].

Isso ou aquilo, de Marilena Ansaldi, com direção de Iacov Hillel, marcou o ano de 1975 e a dança do país. Isso não somente porque representou uma virada na carreira da artista, que deixou as sapatilhas de ponta e a dança mais clássica, mas também pelo arrojo da temática e da própria linguagem cênica. (Desde o início, enquanto o público se acomodava, Ansaldi já estava na cena – estática e presa por elásticos brancos que vinham de vários pontos do palco.)

Marilena Ansaldi em *Isso ou aquilo*

Na imprensa, vê-se expressa uma compreensão do cerne das questões da dança naquele momento: "Ao realizar uma dança teatro-depoimento, a artista expõe sinceramente as angústias que a afligem e, ao mesmo tempo, suscita reflexões sobre o destino de uma arte que, no Brasil, procura sua razão de ser em circunstâncias adversas", explicita Jefferson Del Rios[34]. E segue numa reflexão mais ampla: "É notório o desamparo dessa forma de expressão artística que, podendo ser popular, é elitizada ao extremo, a ponto de perder suas referências em nosso contexto sociocultural"[35].

Nesse momento, a dança no Brasil apresenta um forte traço da dança-teatro – que se vale de aspectos da realidade e não abre mão dela. Assim, procura trazer para a cena a realidade ambiente pela relação entre os materiais cênicos (luz, figurino, cenário, música). Além disso, os materiais simbólicos dos intérpretes formam o tecido que constitui o espetáculo, em uma biografia originada dos gestos e das intenções do artista em cena. Os gestos social, psicológico, individual e coletivo se sobressaem, com movimentos sempre ligados a uma determinação.

Com *Auké*, a Cia. de Danças Ruth Rachou fechou as apresentações do Teatro de Dança no ano. Nessa peça, o grupo buscava "a essência do movimento como expressão artística"[36] nas raízes brasileiras – a inspiração era o mito indígena de Auké, dos povos timbiras do Brasil central. No processo criativo, havia várias novidades: a peça não tinha música, mas sons que vinham da percussão corporal e das emissões vocais; a criação se deu por meio de um laboratório de expressão corporal, de música e de dramaturgia. Ainda de acordo com o programa do espetáculo, "Não se buscava reproduzir o mito, e sim analisar o relacionamento Homem-Mundo, independente de uma época determinada".

Cada vez mais era notada uma variedade de estilos e, principalmente, de métodos de criação: a dança podia ser montada a partir de tarefas cotidianas e movimentos funcionais, de improvisações, de brincadeiras infantis, de atletismo, de construções baseadas em outras danças, de literatura, de artes visuais, de situações comportamentais, da manipulação de objetos – ou seja, do universo mais amplo e permissivo.

Em 1976, após a volta de *Isso ou aquilo*, o Teatro de Dança foi cedido à própria Ruth Escobar para a realização do II Festival Internacional de Teatro, que ocupou também vários outros teatros.

Encerrado o Festival, a dança voltou à cena com *Mandala*: o círculo mágico. Magia e transe para se alcançar um novo equilíbrio foram a ênfase dessa coreografia do Grupo de Dança Renée Gumiel. "Deve-se quebrar a casca do ovo para que a vida surja, para que a realidade se transforme", nas palavras de Gumiel, como filosofia de uma geração que buscava livrar-se das amarras pelo autoconhecimento do corpo e de seu movimento interno e externo. O gesto deve portar significado e autenticidade emocional, expressando os sentimentos do homem. Com música de Ravi Shankar, Pierre Henry e Krzysztof Penderecki, a peça reunia vinte alunos da Escola de Renée, ainda em fase de profissionalização, procurando colocar em cena as pulsões e angústias humanas.

Na busca de uma linguagem que permitisse expressar todos esses conteúdos, o espetáculo valia-se da gestualidade e das ações naturais do dia a dia (em corpos

Ivaldo Bertazzo (acima) e
Ronaldo Duschenes (abaixo)
em *Danças e roda*

treinados ou não em dança). Visando à identidade expressiva, seja ela política, poética e/ou existencial, os criadores procuravam escapar dos rótulos, por meio de criações que dialogassem em chave nova com as grandes questões humanas. Assim, os espetáculos apresentados no Galpão, como *Pulsações* e *Mandala*, não tinham somente profissionais. Isso se devia em parte a uma procura estética, sem movimentos tão condicionados, mas também a questões operacionais, como explicita Gumiel em entrevista a *O Estado de S. Paulo*. Ela comenta que, em seus anos de experiência como professora (nas duas escolas que possuía na cidade)[37], já vira muitos bailarinos talentosos não terem outra opção a não ser a de deixar o país: "O bailarino chega a um estágio em que eu realmente não tenho mais nada a oferecer. Há os que vivem da profissão ou precisam apelar para a televisão, ou então lecionar. Quem tem talento e pretende fazer só do balé o seu modo de vida precisa sair do país"[38].

Assim como em outros grupos, todos trabalhavam de graça, e Gumiel foi responsável pela produção e pelos gastos do espetáculo. O surgimento do Galpão propiciou o aumento do número de espetáculos na capital paulista, uma vez que o Conselho de Cultura, Ciência e Tecnologia oferecia o aluguel do Teatro de Dança Galpão, mais luz e sonorização, e ampliava os espaços de atuação.

Além de bailarinos em começo de carreira, alguns coreógrafos também arriscaram seus primeiros esboços no Galpão. Foi o caso de Ivaldo Bertazzo, com *Danças e roda I*. Na cena, uma mistura de linguagens de diversas danças, presente em muitos de seus trabalhos posteriores.

Podemos ressaltar que, no contexto de repressão política sofrida naquele momento, várias criações abordavam o posicionamento do homem diante da sociedade e de si mesmo. Uma rebeldia perante a vida, uma consulta que o sujeito faz ao mundo e a si, sobre qual lugar deve ocupar. *Por dentro/ Por fora*, de Ansaldi, com direção de Iacov Hillel, argumento e textos de Mário Chamie (1933-2011), "apresenta as contradições entre o que pensamos ser e o que realmente somos perante nós mesmos [...]. Há no espetáculo uma ambiguidade básica, marcada pelo conflito entre as rotinas repressivas e a necessidade vital de se romper barreiras e renascer"[39]. Ansaldi e o ator Rodrigo Santiago se apoiaram na literatura e transportaram para a cena o significado emocional dessa revolta. *Por dentro/ Por fora* deu continuidade às pesquisas de Ansaldi em *Isso ou aquilo*, ampliando a consciência individual para a mais global.

O que se pode ver nesse momento é que a pesquisa do movimento espontâneo e natural de cada um continuou a direcionar a criação coreográfica, com linhas distintas: enquanto alguns coreógrafos aproximavam-se dos cânones da dança moderna, outros buscavam uma linha narrativa teatral, mais metafórica.

Os artistas aproveitaram esses tempos de trabalho frequente para ousar nas experimentações. O grupo Pró-Posição Ballet Teatro, formado por Janice Vieira e Denilto Gomes (1953-1994), criou *Boiação* a partir do tema mitológico de Orfeu e Eurídice, atualizando e confrontando a realidade da época: "Assim como Orfeu desce aos infernos à procura de Eurídice, um José da Silva vem à metrópole em busca de dias melhores"[40]. No cenário, cordas, cipós e chão de terra mostram o caminho do campo, enquanto uma gigantesca garrafa de Coca-Cola indica o início da cidade. Realismo e surrealismo se contrapunham para criar um cenário contundente que ampliava as potencialidades expressivas do corpo.

Denilto Gomes e Janice Vieira em *Boiação*

Esse trabalho marcava a procura de um estilo próprio, caminhando do lirismo irônico para formas mais dramáticas e menos desligadas da vida diária, e elaborando, com técnica cada vez mais firme, a matéria um tanto imponderável dos sonhos e das reminiscências de quem vem para a cidade em busca de outra vida.

Nesses tempos, estabeleceu-se também outro sistema de produção, com criações mais coletivas, ao sabor das improvisações de cada intérprete, cuja criação nascia de suas vivências específicas. Os espetáculos eram experimentos que não representavam personagens saídas de um texto, mas procuravam dar voz às múltiplas facetas da personalidade contida em cada um. Em outras palavras, falar de si para provocar o outro, para questionar as regras, as condutas, as formas de comportamento da sociedade, em uma via invariavelmente contestatória. Não só a liberdade artística estava em questão, mas também a liberdade do ser humano em sua essência.

Para finalizar o ano de 1976, foi criada *Possession*, baseada nas vidas e obras de Santa Teresa D'Ávila e de São João da Cruz. A coreografia de Juliana Carneiro da Cunha (que voltou do Mudra em 1974) e Alain Louafi trabalhava em cena a experiência mítica e transcendental. Esse primeiro trabalho de Juliana já deixava marcas da sua alta qualidade.

Vale ressaltar que nesse mesmo ano Sônia Mota, bailarina do Corpo de Baile, passou a dar aulas no Teatro de Dança Galpão, estruturando, a partir de então, uma técnica de dança moderna inovadora.

Conteúdos éticos, filosóficos e estéticos encarnados na matéria humana

Marilena Ansaldi e Rodrigo Santiago em
Por dentro/ Por fora

deram o tom das trajetórias que povoaram o Galpão, sendo o corpo um poderoso instrumento social e político. Como diz o diretor teatral Marcio Aurelio:

> [...] o surgimento do Galpão é uma contribuição incalculável, no movimento de transformação da linguagem da dança, como um conector de diferentes elementos. Verdadeiramente começa a existir um lugar onde a dança pode ser diferente, com a articulação de um novo discurso e de um outro jeito de produzir a linguagem, não a partir do vocabulário da dança clássica, com movimentos codificados, estabelecidos e consagrados, mas da descoberta de uma outra possibilidade da dança que é a expressão. O Galpão foi um espaço de juntar ideias, mais do que passos; e os novos passos foram dados[41].

Próximos passos
1977-1978

O desejo de expressão dos artistas encontrava ecos na resposta do público, que lotava o Teatro Galpão. Eram estudantes, bailarinos, atores, professores e amadores dessa arte que ganhava cada vez mais espaço na cidade. No palco, via-se uma diversidade de estilos (clássico, moderno, contemporâneo, jazz, danças étnicas, teatro-dança, butô, mímica), sem a necessidade de rotular sua origem. A mesma diversidade estava presente nas trilhas sonoras dos espetáculos: Bach e Brahms, Pierre Henry, Ravi Shankar e Mike Oldfield, batucadas, música oriental, rock, música popular brasileira e Beatles. Além disso, a fronteira entre o amador e o profissional por vezes era tênue, acentuando ainda mais a característica de experimentação.

O ano de 1977 começou com uma variedade de coreografias apresentadas pelo Ballet Emproart – dirigido por Magaly Bueno Georgevich e Jocir Rodrigues –, seguidas da reapresentação de *Boiação*, que havia ficado 15 dias em cartaz, em dezembro do ano anterior, no Galpão. O espetáculo foi premiado no Primeiro Concurso Nacional de Coreografia (TV Globo e Secretaria de Educação e Cultura), e Denilto Gomes, aclamado pela Associação Paulista de Críticos de Arte (APCA) como bailarino revelação. A *Folha de S.Paulo* destaca a pesquisa dos criadores:

> O espetáculo *Boiação* significa para o grupo sorocabano Pró-Posição Ballet-Teatro uma tentativa de renovar o balé, fazendo com que esta arte permita a colocação dos problemas do dia a dia para o público. De acordo com os membros do grupo, que se negam a exercer a dança pela dança, buscou-se unir elementos teatrais à forma, movimento e expressão corporal, de uma certa maneira quebrando a imagem tradicional do balé. Para eles, trata-se de uma evolução natural do trabalho experimental de dança moderna que marcou o início do grupo em [19]73[42].

A disponibilidade para novas linguagens esteve presente, também, no resultado prático do curso de Sônia Mota para o Grupo Teatro de Dança[43]. *Quem sabe um dia...* aliava o rigor das construções espaciais à soltura dos movimentos. O projeto apresentava diferentes níveis de evolução individual e grandes doses de experimentação. Acácio Ribeiro Vallim Júnior destacou "a existência de um espaço reservado exclusivamente para a dança que permite acompanhar este tipo de experiência, resultado não de um grupo estável, mas de um processo em desenvolvimento, tão importante quanto os produtos finais"[44].

Nesse programa tiveram destaque também as criações de Mara Borba e Thales Pan Chacon (1956-1997), que coreografaram e dançaram *Para não morrer pela segunda vez* (com música de Astor Piazzolla); de João Maurício, com a sua ligação entre dança e ginástica olímpica; e de Ismael Ivo, que, num "fascinante entrelaçamento da voz humana e expressão corporal, deu dimensões físicas a trechos de 'Grito hacia Roma', [poema] de Garcia Lorca", como comenta o crítico e ator Sérgio Viotti (1927-2009)[45].

A temática mais ampla do espetáculo retomou muitas outras já desenvolvidas nesses anos: o homem contemporâneo, sua solidão, a mecanização dos seus gestos e o complexo relacionamento com os outros seres humanos. Nesse período, várias criações procuravam romper, de diferentes maneiras, com a separação entre artistas e plateia. Na descrição de Vallim Júnior, em *Quem sabe um dia...*, "o público é preparado aos poucos para a união com os bailarinos e a resposta ao convite para dançar acaba sendo imediata. Quem não desceu até o palco descobriu, batendo palmas, uma outra forma de participação"[46].

Palco e plateia se defrontavam como sedes de atividades distintas e complementares, uns agindo sobre pensamento e sentimento dos outros. A busca era por uma nova comunhão, uma fusão total de corpos e espíritos. Artista e plateia estavam cada vez mais misturados, pois crescia o culto da chamada "criatividade", como explica Décio de Almeida Prado (1917-2000):

> [com] a ideia de que qualquer um, vencidos os seus bloqueios, é capaz de dar origem a uma obra de arte, ainda que modesta, valendo mais esse desenvolvimento da personalidade que considerações de ordem técnica ou estética [...], alarga-se o ciclo de pessoas que se julgam habilitadas a tentar o teatro. Se a questão é de espontaneidade, de liberação dos impulsos, não de vocação ou aprendizagem, por que não eu[47]?

Assim, o resultado de cursos ministrados no Teatro de Dança ia para o palco, por vezes com reconhecimento da crítica. É o exemplo do curso de Karen Attix, comentado pelo crítico Linneu Dias (1928-2002):

> É curioso observar que, em tão pouco tempo, a professora tenha conseguido extrair algo de seus alunos, não tanto, talvez, como desempenho, mas, sobretudo, como uma disposição. [...] Karen Attix revela-nos uma organizadíssima elaboração física e espiritual que, no entanto, desemboca numa liberdade de expressão. Sua técnica é impecável. Karen Attix recorre a estímulos e motivações que não são banais nem repetitivas e dizem muito ao corpo de quem dança: descontração, uso imaginativo da anatomia, improvisação[48].

Seus movimentos, vindos da técnica clássica, traziam uma forma muito pessoal de expressão, que ampliava a intensidade dos gestos na cena.

Se a ação de democratização da dança portou em si seus riscos, podendo converter qualidade em quantidade, trouxe, por outro lado, outra ideia da função da dança, que passou a aglutinar o esforço coletivo e a ampliar suas ações. Processos criativos e as diferentes técnicas de dança também foram desvelados em atividades didáticas no Galpão. A Semana de Dança começou com Sônia Mota e o Grupo Teatro de Dança, mostrando ao público que

> [...] a montagem de um espetáculo ou as formas do movimento podem ser tão interessantes quanto os bailarinos em cena, depois de a cortina levantar-se. O palco aberto do Teatro de Dança (ex-teatro Galpão, rua dos Ingleses, 209) é bom para esse tipo de apresentação e o público poderá debater com os bailarinos, examinar de perto seus movimentos e perguntar os nomes dos passos e de cada posição de dança[49].

Sônia Mota comentou a técnica de dança clássica; Ruth Rachou apresentou a técnica de Martha Graham; Ivaldo Bertazzo mostrou a dança do ventre e as danças de roda, e também comentou os movimentos do corpo no Ocidente e nas danças orientais; Denilto Gomes e Janice Vieira apresentaram a técnica de Rudolf Laban e a coreografia *Boiação*. Era toda uma variedade de conceitos e possibilidades que tomava conta do palco do Galpão, ampliando o entendimento das intersecções da dança nesse tempo.

Integrando novas linguagens, Fabiana Cordeiro e Cybele Cavalcanti levaram um trabalho iniciado por Fabiana e Analívia Cordeiro, de coreografia de dança utilizando computador, além de analisarem a dança para o cinema e para a televisão, pontuando suas diferenças em relação à dança para o palco. Fechando o ciclo, Antônio Carlos Cardoso apresentou, com o Corpo de Baile Municipal, um trabalho didático sobre dança clássica e sua estrutura de criação; Victor Navarro e Iracity Cardoso também estiveram presentes para debater com o público e informar sobre os bailados *Corações futuristas* e *Opus*, as mais recentes criações do Corpo de Baile.

Outro espetáculo apresentado ainda nesse ano no Galpão foi *Ciranda*, com coreografias de Julio Vilan e Ana Maria Spyer, dirigido por Murilo Sola. A amplitude do tema (as transformações do homem na passagem da infância para a fase adulta) resultou em um espetáculo muito aberto, mas carente de sedimentação. Risco que também correu *Made in Brazil*, dos norte-americanos Bill Groves e Julie Bryan, que, apesar de ter deixado marcas como um espetáculo abstrato à procura do aprofundamento e do entendimento do tema para maior comunicação, registrou sua maior força nos movimentos dos corpos. Segundo Viotti,

> [...] os dançarinos trazem consigo a marca precisa de uma vivência junto a grupos em que pesquisa e procura são a tônica. A sua dança tem uma qualidade essencialmente atmosférica, na qual o corpo age com uma precisão rígida (mesmo nos momentos em que sua soltura pode ser considerada um rompante de improvisação). O que é realmente muito bom são os instantes em que o estático serve de contraponto ao rítmico. O corpo que se move e para bruscamente em uma posição conquistada no espaço. Para de uma forma total, feito algo sólido. Isso como que aguça na nossa retina a fixação daquela imagem[50].

De par com o momento de busca individual de expressão, Bertazzo voltou aos palcos do Galpão com *Danças e roda II*. Nesse espetáculo, codirigido por Alberto M. Pinto, a dança do ventre se fez mais presente. Pesquisador de danças populares, Bertazzo ressalta que tanto a dança do ventre quanto as danças de roda atuam

Marilena Ansaldi em *Escuta, Zé!*

no corpo em diversos níveis: "Com a nossa dança, pretendemos nos relacionar melhor com o nosso corpo e ao mesmo tempo mostrar como é grande a distância que o homem mantém em relação ao seu próprio princípio somático"[51]. Novamente o conhecimento do corpo e de suas potencialidades expressivas tornou-se a tônica regente da construção do espetáculo, reunindo no palco vinte alunos da Escola, entre eles a atriz Selma Egrei.

A simbologia mandálica era o tema, aludindo à unidade entre o homem e o universo. Nas trilhas, havia diversos ritmos e gêneros, como músicas tradicionais turcas, taitianas e iugoslavas, às quais se somavam composições do indiano contemporâneo Ravi Shankar, do clássico Mozart e do barroco Pachelbel.

A mistura se fazia presente nas músicas e nos estilos de movimento, à procura de uma linguagem que desse mostras das transformações de um processo formativo que buscava acolher e representar, pelo corpo, uma relação fluida entre arte e sociedade. Esse pensamento ecoava as ideias do médico e cientista natural Wilhelm Reich[52], em voga tanto entre os terapeutas quanto entre os dançarinos.

Outra artista que também se valeu do pensamento de Reich nesse momento foi Marilena Ansaldi. Ela criou *Escuta, Zé!*, com direção de Celso Nunes, inspirado no livro *Escuta, Zé Ninguém*, de Reich. Conta Ansaldi:

> Estávamos em 1976, um ano de repressão, censura e medo. Por causa disso, as pessoas estavam anuladas, e sentia-se no ar a vontade de que o país encontrasse um grande líder. [...] A advertência de Reich era perfeita para esse momento. [...] falava do Zezinho que todos temos dentro de nós, o Zezinho pronto para se anular nos partidos, para servir a um líder e para se movimentar unicamente como massa[53].

Marilena Ansaldi em *Escuta, Zé!*

Marilena Ansaldi em *Escuta, Zé!*

Escuta, Zé! mostrava como nunca a intensidade irrequieta da artista diante do seu tempo. Para Ansaldi, Reich "é o cara do século, porque propõe uma modificação de vida, de estrutura, fundamental. [...] Acho que o espetáculo é uma denúncia da situação das pessoas [...]". Para Nunes, "é quase como um desabafo emocional, de um homem que em um determinado momento em sua carreira se sente impedido de continuar exercendo suas atividades. [...] Zé Ninguém é o sujeito médio que apoia desde o proletariado até os grandes do poder"[54]. Na peça, Marilena era o Zé; Rodrigo Santiago, Reich. Bernadete Figueiredo, Thales Pan Chacon, João Maurício e Zenaide representavam segmentos da personalidade do Zé que se liberavam e criavam vida própria.

Carlos Ernesto Godoy comenta que

[...] o Zé para o palco, na versão que São Paulo está vendo, nasceu de um roteiro muito feliz, onde estão as ideias básicas do texto de origem e também conceitos definitivos da teoria orgástica, alguns dos quais dariam aos seguidores de Reich subsídios para chegarem à construção da revolução bioenergética. Em concepção cênica bastante lúcida, o espetáculo se realiza com fluência e ritmo, sendo que a linguagem oscila entre predominâncias (muito pertinentes) da comunicação corporal e a fala pura e simples, oferecendo um contraponto significativo[55].

Tanto pelas qualidades artísticas quanto pelo teor inequívoco de resistência política e cultural, *Escuta, Zé!* marcou época de modo incomum para um espetáculo dançado. Esse foi um dos primeiros, se não o primeiro trabalho no país a romper de tal modo os limites da audiência específica da dança. De modo análogo à peça *Roda viva*, de Chico Buarque, dirigida por Zé Celso Martinez Corrêa em 1968 (e alvo de repressão policial), *Escuta, Zé!* foi visto por um público variado e amplo, em São Paulo e muitas outras cidades, e teve grande impacto sobre toda uma geração.

Nesse ano de 1977, o Corpo de Baile Municipal apresentou, no Galpão, *Danças sacras e profanas*, de Victor Navarro, *Nosso tempo*, de Antônio Carlos Cardoso – que se baseava em poemas de Carlos Drummond de Andrade –, *Mulheres*, de Oscar Araiz, e a remontagem para o Corpo de Baile de *Pulsações*, de Célia Gouvêa. Era um momento ímpar na história da dança: buscava-se o arrojo a partir de uma interioridade crescente, que conduzia a novos planos e relações no espaço.

Os dois grupos que dominavam a cena paulista, em outros palcos da cidade, também lutavam para ampliar seu público. O Municipal fortalecia seu repertório, com criações inovadoras como *Prelúdios de Chopin*, do argentino Oscar Araiz, encenando expansões do vocabulário e da interpretação. Já o Stagium, com *Kuarup, ou a questão do índio*, de Otero, abordava o índio e sua invisibilidade na nossa cultura. O grupo dançava de pés no chão, e sem os adereços clássicos. Como comenta Linneu Dias:

> Do confronto entre duas proposições que, por estarem sendo feitas na mesma hora e lugar, não podem deixar de agir uma sobre a outra, nasce a vida da nossa dança, a qual recebeu este ano influxos de outras ordens, desde os proporcionados pelo campo de trabalho que o Teatro de Dança (Sala Galpão) ofereceu até às contribuições estrangeiras[56].

Avaliando o ano seguinte, Linneu Dias relata:

[...] a sensação que se tem, em 1978, é de que, em dança, as coisas se institucionalizaram. [...] De um lado, há o Theatro Municipal, com suas temporadas estrangeiras e as duas "grandes" companhias profissionais brasileiras, o Stagium e o Corpo de Baile[57]. Do outro, os grupos "menores", atacando em todos os pontos da cidade, da Mooca à avenida Paulista, da Vila Clementino à rua Monte Alegre, de Santo Amaro à rua dos Ingleses e assim por diante. [...] As temporadas estrangeiras trouxeram, como de costume, contribuições boas, mais como informação do que como exemplo. As melhores foram as norte-americanas: o Alvin Ailey Dance Theater e o Les Ballets Trockadero. Mas houve também o Ballet-Théâtre Contemporain, da França, e o Bolshoi, russo[58].

Enquanto, no ano anterior, dois jornais paulistanos – O *Estado de S. Paulo* e seu vespertino, o *Jornal da Tarde* – mantiveram seções regulares de crítica de dança, em 1978 juntaram-se a eles a *Folha de S.Paulo* e a *Última Hora*. Vale observar que os *Anuários de dança* do Centro Cultural São Paulo, elaborados por Linneu Dias eram uma das poucas referências sistemáticas da trajetória dessa arte nessa época, registrando espetáculos, palestras, escolas e outros fatos referentes à dança paulistana.

No palco do Galpão, os espetáculos se sucediam: *Margarida Margô do meio-fio*, de Clarisse Abujamra e Naum Alves de Souza; *O silêncio dos pássaros*, de Janice Vieira e Denilto Gomes; *Domínio público*, do grupo Teatro do Movimento, de Angel e Klauss Vianna (1928-1992); e *Dédalo e o redemunho*, de Ivaldo Bertazzo. Por toda a cidade vingava o experimentalismo: *Isadora, ventos e vagas*, de Célia Gouvêa e Maurice Vaneau; *Corpo I*, de Takao Kusuno (1945-2001); e *Cartas portuguesas*, de Emilie Chamie (1927-2000) e Casimiro Xavier de Mendonça, espetáculos de variável felicidade de acabamento, mas sempre contendo propostas estimulantes.

Clarisse Abujamra em
Margarida Margô do meio-fio

Denilto Gomes e Janice Vieira em
O silêncio dos pássaros

Margarida Margô do meio-fio utilizava a vida das varredoras de rua como matéria-prima para um espetáculo de dança. O roteiro de Clarisse Abujamra e Naum Alves de Souza intercalava momentos de devaneio e de realismo. A crítica de Sábato Magaldi retrata bem como o espetáculo foi recebido:

> Talvez pela dificuldade de elaborar uma história coerente (quando são variadas e mesmo contraditórias as experiências das margaridas) achando-se em cena uma só intérprete, o roteiro de Clarisse e Naum Alves de Souza tende à simplificação e não consegue oferecer uma imagem muito orgânica[59].

Naum dirigiu, também, *Depois do arco-íris*, apresentado nesse mesmo ano no Galpão: um espetáculo sobre a morte e a alienação em quadros que utilizavam várias técnicas (dança, teatro, pantomima e canto), dando continuidade às pesquisas multidisciplinares em artes.

O grupo Teatro do Movimento procurou coreografar os gestos cotidianos. Uma das obras apresentadas, *Luísa Porto*, com coreografia de Lourdes Bastos e roteiro de Klauss Vianna, era inspirada no poema "Desaparecimento de Luísa Porto", de Carlos Drummond de Andrade.

A sucessão de grupos que se apresentavam no Galpão possibilitava uma regularidade importante na formação de público de uma dança diferente. Como comenta Marcio Aurelio,

> Ela [a dança] podia ser a articulação de um discurso que não precisava necessariamente ser coerente. O mais importante era a força que estava contida nessa busca, nesse desejo [de experimentação]. Lá nos anos [19]70: foi nesse ponto que se criou uma base para toda uma geração, que produz o que há de melhor nessa expressão da dança.

Uma tensão operava sempre, produtivamente, entre o desejo do novo e a procura de uma linguagem capaz de expressar sentimentos, angústias, deslocamentos. Assim, *O silêncio dos pássaros*, do Grupo Pró-Posição Ballet Teatro, partia de uma metáfora do homem-pássaro, imagem de liberdade e prisão. Segundo seus criadores, Denilto Gomes e Janice Vieira, a peça era composta por "quadros desconexos que se interligam através de um contexto metafórico, fundindo-se num painel de imagens, formas e ideias cuja estrutura teatral não pretende ser um todo linear"[60].

O espetáculo colocou em xeque a continuidade formal, em vários aspectos. Diante dessa fragmentação, a crítica reagiu de maneiras muito distintas.

Para Acácio Ribeiro Vallim Júnior,

> Os corpos fluem naturalmente dentro de uma coreografia que de tão espontânea parece nem existir como uma organização pré-estabelecida. Cada movimento dá

a impressão de ser executado com a sinceridade de quem acredita no que está dizendo com o corpo. [...] As imagens de cena surgem todas a partir de uma livre associação com a ideia de pássaros e muitas delas não apresentam uma ligação entre si. [...] O resultado é uma estrutura fragmentária em que os pontos altos são aqueles em que interessam somente o corpo em movimento e sua relação com o espaço[61].

Já para Fausto Fuser, "contentando-se com boas ideias esparsas, Denilto não chegou sequer a costurá-las num só trabalho. Ficaram ideias soltas, prejudicando umas às outras, anulando-se mutuamente"[62].

Os espetáculos passavam por uma transição das formas de narrativa – da mais linear à mais fragmentada. Partes incompletas deixavam espaço para a plateia completar seu sentido, tornando mais generosas as trocas com o espectador. Estava-se à procura do equilíbrio que poderia nascer desse encontro.

O ritmo do *intervalo*, cheio de vazios, pontuava e demarcava as criações da época, inclusive as que exploravam de modo mais explícito os temas sociais. Em *Amargamassa*, lidando com assimetrias, Renée Gumiel procurou retratar a realidade da vida nas grandes cidades e no campo:

> [...] nós estamos engolidos na massa, ela quer amar mas não consegue. A primeira parte do espetáculo expressa a ilusão e a angústia campestre porque no campo a paz é muito relativa: existe a seca, o desempenho, a miséria, a doença, o desconforto. A cidade quer fugir para o campo e o campo para a cidade [...] para recuperar a paz perdida. A intensa migração das regiões rurais para as zonas urbanas é um fenômeno mundial, como também a ilusão do homem urbano de querer morar no campo[63].

Ruth Rachou e Peter Hayden em *Amargamassa*

Ruth Rachou em *Dédalo e o redemunho*
(As quatro idades)

No entanto, as modulações e a clareza da linguagem foram dificultadas pela diferença entre os intérpretes, pois profissionais como Ruth Rachou e Peter Hayden dividiam a cena com dançarinos em fase de profissionalização.

Já Bertazzo apresentou, nesse ano, um espetáculo com grandes nomes do cenário artístico, como Ruth Rachou, Paula Martins, Selma Egrei, Alberto M. Pinto, Denilto Gomes e ele próprio. *Dédalo e o redemunho (As quatro idades)* reuniu linguagens diversas – desde o folclore oriental até a música egípcia, passando por flamenco, dança moderna e Brahms. A peça é inspirada no mito mediterrâneo do minotauro. Os dançarinos se fixavam no labirinto – do ponto de vista terapêutico, à procura do "eu".

O Homem que percorre o labirinto chega finalmente ao lugar central, isto é, do ponto de vista da realização iniciática, ao seu próprio centro. Frequentemente, um monstro no qual, como no minotauro, se acumulam carências, faltas e desejos, aspirações, sonhos e pesadelos inconscientes ou semi-inconscientes. No centro, o homem encontra aquilo que quer encontrar. Frequentemente, encontra-se a si próprio[64].

Bertazzo e seus parceiros procuravam um movimento de transformação da própria linguagem da dança: a liberdade de expressão do corpo numa conquista individual e coletiva, adaptando-se à diversidade e à cooperação. A variedade de linguagens no espetáculo, contudo, não foi vista com muito entusiasmo pelos críticos. Na opinião de Marília Pacheco Fiorillo, "tudo em cena poderia ser esticado e apresentado em separado, o que talvez resultasse em um ou muitos conjuntos mais seguros. O painel atual é um pouco irrefletido, distraído demais em sua fluência. Felizmente é também dançado demais – demais e com muito prazer"[65].

À esquerda: Paula Martins, Ruth Rachou, Denilto Gomes, Alberto M. Pinto e Selma Egrei em *Dédalo e o redemunho (As quatro idades)*

Abaixo: Ivaldo Bertazzo e Alberto M. Pinto em *Dédalo e o redemunho (As quatro idades)*

Acácio Ribeiro Vallim Júnior comenta que "o resultado no palco funciona como uma colcha de retalhos"[66].

Dando continuidade às atividades didáticas do Galpão, uma das grandes personalidades da dança moderna, Lisa Ullmann (1907-1985)[67], esteve lá em 1978 para ministrar uma oficina e apresentar uma dança coral, a convite de Maria Duschenes. Bailarina e coreógrafa durante os anos 1920-1930, desde 1938 Ullmann se associou a Rudolf Laban (1879-1950)[68], um dos maiores teóricos do movimento. Um dos focos de sua oficina foi a educação pelo movimento, que visava desenvolver a personalidade de cada um, unindo emoção, intelecto e sensações num todo harmonioso. O aluno se conhecia melhor com base na descoberta de seu próprio corpo e das possibilidades de percepção e expressão. Essa vinda acentuou um entendimento que já se fazia presente na dança paulistana.

Casimiro Xavier de Mendonça, ao comentar a vinda de Lisa Ullmann ao Brasil, ressalta a importância do fato:

> Trazer Lisa a São Paulo era um antigo sonho de Maria Duschenes, realizado agora com o apoio da Comissão de Dança da Secretaria da Cultura do Estado de São Paulo. Realmente é como trazer ao Brasil um momento da história da dança moderna ou um verbete vivo da enciclopédia da arte contemporânea[69].

Infelizmente, em fins de julho de 1978, o Teatro Galpão deixou de ser um teatro dedicado aos espetáculos de dança, pelo término do contrato entre a Secretaria Estadual de Cultura e Ruth Escobar. Segundo o crítico de dança Linneu Dias, isso não provocava uma desaceleração imediata na produção dos grupos. Poderia representar "uma ameaça para o futuro próximo, mas seus efeitos não se fizeram sentir em 1978"[70].

Acima: Grupo Teatro de Dança em *Agora Terpsícore*

À direita: Grupo Andança, na reencenação do espetáculo *Agora Terpsícore*

O Galpão aproximou linguagens e artistas, criando um espaço propício para indagações, com arrebatamento e liberdade, sobre as questões existenciais. Proporcionou, ainda, uma nova visão dos paradigmas da dança de então e acentuou a necessidade de uma formação mais ampla, da permanente discussão das ideias e da conscientização dos movimentos de sua época, rediscutindo as questões sociais e políticas do país. A sucessão das apresentações produziu uma dinâmica variada, sempre visando à organicidade dos movimentos e à liberação do corpo.

Grupo Teatro de Dança em
Agora Terpsícore

Um espaço de tempo

1979

Com o fim do contrato, o TBC (Teatro Brasileiro de Comédia) passou a ser o Teatro de Dança, em 1979. Foi lá que aconteceu a 1ª Mostra de Dança Contemporânea de São Paulo. Por pressão dos artistas, já no segundo semestre a dança volta para o Galpão[71], com o espetáculo *Um sopro de vida*, de Marilena Ansaldi.

Cada vez mais, Ansaldi aventurava-se pelas ambiguidades da existência humana. Nas palavras do crítico Jefferson Del Rios,

> Duas forças artísticas impulsionam Marilena Ansaldi na sua trajetória da dança à representação dramática (e vice-versa). A fusão, desta vez, é perfeita. A dançarina faz da expressão corporal veículo de reforço e comentário poético da palavra: a atriz encontra o misterioso fio emocional que dá vida à personagem. [...] Marilena Ansaldi consegue abalar o público, tocando na sensibilidade de cada um como se o espetáculo fosse uma música que vai ao coração[72].

A bailarina testemunhou na cena o espírito da época, vislumbrando, naquela dinâmica, um movimento de diferenciação compromissado com a forma de expressão. Em imagens de grande significado e com novas formas espaciais, construiu momentos dramáticos da dança, apresentando o cotidiano mais intimista com muita movimentação teatral e expressiva. Trazia combinações de imagens de grande emotividade e explorava uma relação estreita com temas que se associavam diretamente ao cotidiano ou a histórias de experiências coletivas recentes. Não havia muitos recursos; porém, essa busca por uma estética do momento se coadunava, a seu modo, com a precariedade material da produção.

Na visão de Sábato Magaldi,

> Sua atuação se espraia numa multiplicidade de recursos, acessíveis a bem poucos artistas brasileiros. Desta vez, Marilena domina a parte vocal sem um deslize no timbre ou na emissão, e canta com tranquila naturalidade. A dança, que é a sua origem e sempre representou o seu forte, se engasta no texto como um prolongamento espontâneo, não constituindo um número à parte. Victor Navarro concebeu a coreografia no mesmo espírito da obra – fragmentos que se valem de variadas técnicas, preferindo as rupturas da inspiração moderna. Raramente uma criação fundiu tão bem os diversos veículos à disposição de um ator. [...] Guiada pelo texto, a intérprete faz uma sondagem interior, que transmite ao público uma vivência inédita. Há um equilíbrio de postura, gestos e movimentos, que denuncia uma intimidade com o objeto narrado [...][73].

Pensamento complementado por Mariângela Alves de Lima e Acácio Ribeiro Vallim Júnior: "[...] a presença avassaladora de Marilena Ansaldi transforma todo o espetáculo numa dança, se entendermos dança como a expressão das emoções através do movimento"[74].

No final da década pôde-se ver que a dança foi marcada pela busca de comunicação e por um maior reconhecimento junto ao público e às instituições. Na visão de Corina de Figueiredo,

> [...] foram indiscutivelmente o Ballet Stagium e o Corpo de Baile Municipal de São Paulo que, pela integração à dança da nossa realidade social e cultural, conquistaram para o balé um espaço mais digno. Entretanto, essa integração deu-se muito mais pelo enredo do espetáculo do que pela linguagem em si, o que exigiria a busca de novas técnicas de expressão pela dança. E isso por sua vez pressupõe, à parte as ousadias individuais, a busca de condições novas de produção, seja na área educacional, seja na qualidade das relações desenvolvidas entre os envolvidos no

processo de criação propriamente dito. E é por aí que a mostra [1ª Mostra de Dança Contemporânea de São Paulo] apresentou muito boas novidades[75].

A possibilidade de transição da linguagem clássica para outras formas de movimentação fazia-se cada vez mais presente, como vimos. A improvisação era uma técnica utilizada como instrumento de composição na elaboração da coreografia ou como técnica de cena. O palco era um espaço de expressão emocional, política e social.

No final dos anos 1970, a censura começava a dar sinais de recuo. Em 1979, o general Geisel revogou o AI-5 – não se podia mais cassar mandatos, suspender direitos políticos nem decretar recesso parlamentar, e tinha-se de respeitar garantias constitucionais. A abertura determinada pelo presidente "significava que seu sucessor não iria contar com os instrumentos de repressão que ele próprio usara à vontade", como lembra Oscar Pilagallo[76]. O general João Baptista Figueiredo (1918-1999) tomou posse em março daquele ano. Em agosto, após intensa campanha popular, foi sancionada a Lei de Anistia, que permitiu a volta de dezenas de brasileiros exilados.

Durante todo esse período, foi vigorosa a vontade artística de romper com a tradição. Tecnicamente, buscava-se outro uso do *tempo*, com uma gestualidade acentuada, capaz de gerar seu próprio *espaço*.

Gesto no espaço

As pesquisas da década de 1970 deram frutos: os espetáculos ganharam amplitude e flexibilidade. A dança multiplicava formas de expressar a experiência brasileira, incorporando, literalmente, o real. Isso não implicava um estreitamento do repertório – pelo contrário. As influências individuais de cada dançarino, muitas vezes adquiridas na Europa, nos Estados Unidos e no Japão (por meio de coreografias, aulas e espetáculos vistos), valeram muito para ampliar as possibilidades de pensar a nossa dança, encarnando as aspirações da época.

Na década de 1980, o agudo questionamento político, a necessidade de estabelecer novas bases estéticas e sociais, e a consciência do funcionamento do corpo e da relação com o entorno continuavam fortes. Tratava-se de transpor ao espetáculo um estilo capaz de preservar a nossa peculiar maneira de ser, as nossas idiossincrasias gestuais e culturais, mesmo perante ou dentro de linguagens universais. O caminho tornou-se o do entendimento do corpo, de sua expressividade e de sua relação com o espaço. Isso não significava necessariamente um abandono das técnicas clássicas e modernas, que seguiram sendo a base de muitas companhias.

Procurava-se, em muitos países, uma nova modalidade de movimento, que se baseasse no autoconhecimento, em oposição à dança "pura e simples", que molda o corpo de acordo com os passageiros padrões espontâneos de cada época, ou à dança clássica, com gestos mais codificados. Pesquisadores da dança faziam, então, relações entre os movimentos cotidianos e as particularidades de cada pessoa, como sua constituição óssea e muscular, para pesquisar maiores possibilidades expressivas dos gestos. Nesses anos, ocorreu dessa perspectiva uma nova indagação da natureza e da estrutura da dança. O questionamento do tempo, do espaço e do corpo se ampliou. A pesquisadora norte-americana Sally Banes descreve esse momento da dança de seu país em palavras que, com pequena distância cronológica, também se aplicam à dança paulista da década de 1980:

> [...] questões referentes ao corpo e a seus poderosos significados sociais foram encaradas. O corpo mesmo se tornou o assunto da dança, em vez de servir como instrumento para metáforas expressivas. Um exame ousado do corpo e de suas funções e poderes permeava as primeiras danças pós-modernas. Uma forma que isso tomou foi o relaxamento, uma liberação daquele controle que caracterizara a técnica ocidental de dança. Coreógrafos, em sua busca pelo corpo "natural", usavam intencionalmente intérpretes sem treinamento[77].

Esse movimento teve eco na Nova Dança Francesa, com seus inúmeros representantes – entre eles, Dominique Bagouet (1951-1992), Odille Duboc (1941-2010), Jean-Claude Gallotta, Maguy Marin, Angelin Preljocaj e Karine Saporta. Todos procuraram tornar essa arte um veículo das emoções e dos sentimentos, tendo o movimento como espelho da interioridade do bailarino. Vê-se ainda a exploração e estandardização das técnicas modernas herdadas da Alemanha e dos Estados Unidos.

A explosão da Nova Dança Francesa e o desenvolvimento da dança dita "de autor"[78] estavam diretamente ligadas aos centros coreográficos nacionais[79]. Na década de 1980, vários centros surgiram, contribuindo expressivamente para a formação de público. Acompanhando os centros coreográficos, surgiram também os concursos de dança (por exemplo, Bagnolet) e os festivais internacionais (como o de Montpellier).

A Bélgica também viu uma importante renovação na dança, com nomes como Wim Vandekeybus e Anna Teresa de Keersmaeker, que aproximaram as obras coreográficas das novas mídias e da moda. Na Inglaterra, o DV8 apresentou um teatro físico, que não evitava completamente a técnica de dança, mas a usava somente para marcar pontos. A maioria dos movimentos era improvisada a partir do gestual cotidiano, das acrobacias ou de simples passos, com um repertório político e desafiador. Muitos de seus movimentos pareciam brutais, violentos e provocativos.

Em São Paulo, nos anos 1980, a produção artística também foi intensa – tanto dos grupos estáveis, como o Stagium e o Corpo de Baile Municipal, quanto dos mais novos (Cisne Negro, Andança, Marzipan e o Experimental de Penha de Souza, entre outros) e dos criadores independentes, como Ivaldo Bertazzo, J.C. Violla, Ismael Ivo, Denilto Gomes, Janice Vieira, Célia Gouvêa, Maurice Vaneau, Renée Gumiel, Ruth Rachou, Marilena Ansaldi e Takao Kusuno.

O aumento de grupos ampliou o número de espetáculos que estiveram em cartaz no circuito nacional, superando as apresentações de grupos internacionais no país. Essa marca se deu, por um lado, pelo crescimento da produção nacional, mas, por outro, pelos custos cada vez mais altos para uma temporada de um grupo estrangeiro[80].

A década foi marcante também pela presença em São Paulo do coreógrafo e professor Klauss Vianna. De 1981 a 1982, Vianna dirigiu a Escola Municipal de Bailados e, de março de 1982 a junho de 1983, o Balé da Cidade de São Paulo. Seu trabalho de consciência corporal influenciaria toda uma geração da dança e do teatro brasileiros. Para Cássia Navas, "seu objetivo é revelar a dança que já *está no corpo*, e que por isso prescinde de uma construção externa a ela, fruto de uma ideia ou emoção do coreógrafo. Através de perguntas e respostas, entre professor e aluno, essa dança que *já existe* somente precisaria ser revelada"[81]. A declaração aponta para uma nova maneira de entender a relação entre o coreógrafo e o bailarino, ressaltando a participação mais ativa deste como sujeito expressivo na criação; sublinha, ainda, um esforço de escapar do formalismo cênico preestabelecido.

Durante sua gestão, Vianna fundou o Grupo Experimental do Balé da Cidade e tentou unir a linguagem clássica à contemporânea, levando para o principal palco da cidade bailarinos e coreógrafos como Sônia Mota, Lia Robatto, J.C. Violla, Mara Borba, Susana Yamauchi, João Maurício, Ismael Ivo, Mariana Muniz e Marina Helou. Vários desses criadores haviam passado pelo Galpão na década anterior e, agora, procuravam disseminar uma mentalidade moderna nos palcos do Municipal.

O início da década de 1980 foi marcado pela atuação política dos dançarinos: a classe esteve atenta à possibilidade de criar-se um Conselho Nacional de Dança; a Associação Paulista dos Profissionais de Dança (APPD) continuava na ativa; houve maior reconhecimento da categoria pelo Sindicato de Artistas e Técnicos em Espetáculos de Diversão (Sated)[82]. Segundo Linneu Dias,

> é sobretudo a união dos bailarinos para obter a realização da temporada no Teatro Ruth Escobar (sala Galpão) e nos teatros de bairro da prefeitura (João Caetano, Paulo Eiró, Arthur Azevedo) que dá ao ano sua característica distintiva: um ano de ação, de borbulhamento vital, que pode não representar um progresso, mas daí certamente há de surgir alguma coisa[83].

Na dança paulista daqueles anos viu-se, então, um grande número de criações distintas e ricas, e também muitos artistas aventurando-se em processos renovadores, lado a lado com criações mais tradicionais. Embora a novidade nem sempre significasse melhora na qualidade, representava terreno produtivo para o desenvolvimento das artes.

Devemos lembrar também que, a partir da década de 1980, como diz Vitoria Daniela Bousso,

> [...] com o advento dos PCs e sua entrada na rotina diária, nasce a cultura da velocidade e das redes. A comunicação interpessoal propiciou o fim da era midiática, em prol de uma cultura de desconstrução e ruptura das camadas de baixa e alta cultura, ou da cultura popular e cultura erudita. [...] Nos anos 1980, o contexto internacional da arte se articula em diferentes vertentes pelo uso do vídeo e engaja o corpo de uma maneira espacial e fenomenológica, assinalando a presença forte da ideia de hibridização[84].

Entre as décadas de 1970 e 1980, foram muitos os coreógrafos que procuraram a dança mais livre, seguindo impulsos de improvisação, nos quais a simplicidade era a tônica; outros se valeram de movimentos intrincados e virtuosos. Alguns seguiram linhas mais abstratas; outros, ainda, preferiram retomar a narrativa. Desses diferentes estudos emergiram muitas vezes espetáculos ecléticos, que utilizavam outras linguagens artísticas e instalavam definitivamente a interdisciplinaridade. Em retrospecto, pode-se dizer que essa experiência, como um todo, foi muito positiva para o enriquecimento e flexibilização das montagens de dança.

Outros desafios
1980-1981

Interpretar a realidade, falar do momento em que se vive, revelar seus fundamentos e suas operações, criar uma nova linguagem capaz de exercer a crítica de ideias e práticas existentes: com a cultura instaurada na década anterior, o campo ficou aberto para que questões assim viessem à tona nas composições coreográficas.

Esse foi, sem dúvida, um tempo em que a comunidade da dança se reconheceu como tal, independentemente de estilos e escolhas estéticas. Artistas e críticos se mobilizavam em torno da arte; ninguém aceitava ficar de fora.

No começo da década, o Cisne Negro, dirigido por Hulda Bittencourt, apresentou diversos espetáculos: *Gente*, de Sônia Mota; *Gadget*, dançado em 1978 pelo Corpo de Baile Municipal; *Del verde al amarillo* e *Micaretas*, de Victor Navarro. Com isso, solidificou-se como um grupo técnico, neoclássico, que apostava em inovações – linha que a companhia mantém ainda hoje.

Com uma linguagem mais expressionista, *As galinhas*, de Takao Kusuno, abordou o papel do homem oprimido na sociedade. Para Sergio Viotti,

> [...] o espetáculo de teatro-dança de Takao Kusuno se coloca na fronteira (e por vezes a ultrapassa) do verdadeiro instante de imaginação poética. [...] antes de tudo um fascinante encontro com a inventiva poética, carregado do enigma proposto pela forma, eclodindo, a momentos, em um descontrolado requinte cerebralíssimo, fazendo pensar em poesias de Ezra Pound [...] ou de Edith Sitwell, onde imagens ultrapassam o tempo, onde cor e sons saltam, agridem a vista, cerram os olhos. [...] Sentimos os elementos de isolamento, violência, ataque a que estamos submetidos (pelo que vem de dentro e do passado; pelo que vem de fora, no passado e no presente), e a sujeição que oprime e nos deixa, como os três participantes, com um mudo grito final fazendo dos rostos uma máscara irremediável[85].

Janice Vieira em *Como sói acontecer*

Como diretor, Kusuno buscou novos recortes, com inclusão de imagens e outras sugestões "multimídia", sem perder nada de sua característica consistência na cena. A introdução de depoimentos dos próprios intérpretes na construção do projeto artístico, a intensa utilização do corpo como via expressiva e o trabalho sobre a improvisação criavam uma forma particular de dramaturgia.

Ao avaliar o ano de 1980, o crítico Sérgio Viotti comenta que *As galinhas* foi um dos destaques do ano. E complementa ressaltando a renovação do público na dança:

> Um fiel público eminentemente jovem aflui ao Galpão e ao Municipal (dois fortes polos de atividade) e cada vez mais o público de outras idades retrai-se. O Municipal, pecaminosamente abandonado a uma inevitável deterioração, não mais atrai a pequena (que dirá a grande) burguesia, que, por sua vez, jamais se viu refletida no desconforto "experimental" do Galpão. Assim, a dança nacional converte-se em assunto jovem e nem a dança importada a preços inflacionados tem a garantia de firmar-se como acontecimento social[86].

Outro espetáculo que transitou na dança de expressão foi *Como sói acontecer*, do grupo Pró-Posição Ballet Teatro, com coreografia e direção de Janice Vieira. Composto de três partes, explorava o intervalo entre interior e exterior, e o que transborda em cada um. Os rituais presentes traziam um acento distinto à peça, que se encontrava, ela mesma, numa encruzilhada de linguagens.

Já o grupo Andança retornou à cena procurando de forma mais ampla sua identidade. *Chiclete com banana*, coreografia de Susana Yamauchi, representou um aprimoramento técnico profissional e uma busca de outras formas de encenação, inovando nos figurinos bem coloridos, nas entradas e saídas infinitas da cena e no movimento solto que privilegiava mais o fluxo que a forma. O Andança abriu espaço para praticar o encontro das diferentes interpretações dos corpos sobre a cena.

Os grupos que se apoiavam na linguagem clássica também encontraram espaços de apresentação no Galpão. Buscavam renovação, não só para manter o controle do corpo, mas também para comunicar-se com um tempo presente. Um exemplo disso foi o Ballet Ismael Guiser, fundado em 1977, que reformulou sua estratégia para se adaptar àquele momento de intenso questionamento político, estabelecendo novas bases estéticas. O espetáculo apresentado no Galpão, dirigido por Ismael Guiser (1927-2008) e Yoko Okada, reunia trabalhos de coreógrafos distintos: Sônia Mota (*Caprichos*), Victor Navarro (*Concerto em D*), Luis Arrieta (*Children's Corner*), Marise Matias (*Poesia em três atos*), Yoko Okada (*Tramas*), Susana Yamauchi (*Revés*) e o próprio Ismael Guiser (*Chiaroscuro* e *A cor do som*).

Outra tendência forte do momento foi o jazz norte-americano, que procurou descobrir aqui um estilo brasileiro, porém muitas vezes preso na própria armadilha da linguagem. O grupo Jazz Movimento, de Breno Mascarenhas, apresentou nos espaços do Teatro Ruth Escobar *Ginga* (1980) e *Frutificar* (1981)[87], coreografias de Breno Mascarenhas e Yoko Okada. Segundo Acácio Ribeiro Vallim Júnior,

> [...] como já havia acontecido com *Ginga*, espetáculo do mesmo grupo apresentado no ano passado, *Frutificar* apresenta uma primeira parte que pretende ser "uma homenagem aos musicais da Broadway e do cinema". Toda a concepção do jazz que Breno Mascarenhas usa em seus espetáculos tem sempre essa característica. É intencionalmente apenas uma cópia do modelo americano de se fazer um musical, sem análise, sem crítica e sem nenhum tipo de recriação do material que é oferecido nesses espetáculos [...][88].

Já na linha contemporânea, *Braço a braço*, coreografia de Thales Pan Chacon e coordenação geral de Roberto Carvalhaes, provocou polêmica. Foi um dos primeiros espetáculos (se não o primeiro), na dança contemporânea brasileira, a abordar a relação amorosa entre dois homens. Segundo Acácio Ribeiro Vallim Júnior,

> [...] a falha maior do espetáculo acaba sendo encarar o homossexualismo não como um fato em si, mas como uma oposição ao relacionamento heterossexual. [...] Paradoxalmente, *Braço a braço*, apesar da fragilidade do roteiro e da coreografia, é um espetáculo que consegue despertar algum tipo de interesse por causa da interpretação dos dançarinos [...]. Não se sabe, por exemplo, se as mulheres em cena são imagens de mulheres que passaram, algum dia, pela vida dos dois homens. Nem é possível perceber se elas são encarnações de figuras míticas femininas[89].

Rose Akras e Célia Gouvêa em *Promenade*

As linguagens se alternavam cada vez mais nos palcos do Galpão e causavam mesmo polêmica, seja nas plateias, seja entre os críticos. O mais importante era a abertura desse espaço para a diversidade. Ganhava-se afinal em qualidade, com base na resposta do público e da crítica. Como diz Antonio Candido, com pertinência atemporal:

> [...] a arte é um sistema simbólico de comunicação inter-humana, ela pressupõe o jogo permanente das relações entre as partes. O público dá sentido e realidade à obra, e sem ele o autor não se realiza, pois ele é de certo modo o espelho que reflete a sua imagem enquanto criador. [...] Desse modo, o público é fator de ligação entre o autor e sua própria obra[90].

Continuando seu ciclo de apresentações anuais, o grupo Teatro de Dança de São Paulo[91] retornou, em 1980, com coreografias de Célia Gouvêa: *Promenade*, *Expediente*, *Contrastes para três* e *Lenda*. Para Gouvêa, "a dança é mais imagem

J.C. Violla e Célia Gouvêa em *Expediente*

Zélia Monteiro, J.C. Violla e Célia Gouvêa em *Contrastes para três*

e não precisa necessariamente estar ligada a uma história para desenvolver seus movimentos". *Promenade*, "uma dança no silêncio", foi encenada na Mostra de Dança do ano anterior. *Expediente*, com música do compositor contemporâneo italiano Luciano Berio (1925-2003), levou ao palco um retrato do homem comum; *Contrastes para três* denunciou o relacionamento de um homem e duas mulheres; e *Lenda*, a mais teatral, mostrou "um jogo de comportamentos e situações antagônicas"[92].

Se *Expediente* transmitia o clima opressivo de vidas com gestos mecânicos, *Contrastes para três* era um jogo de movimentos precisos e inesperados.

Promenade, obra da Mostra de Dança do ano anterior, se valia de uma relação íntima da "música dos corpos" (respiração, voz e batidas no chão) com movimentos rítmicos. Em *Lenda*, com música de Hermeto Pascoal, o onírico e a fantasia ganharam espaço em vez de uma racionalidade dominante.

Em *Expediente*, com direção de Vaneau e coreografia de Gouvêa, ganham destaque na cena J.C. Violla e Vaneau, segundo Helena Katz,

> [...] A direção madura de Vaneau faz brotar um J.C. Violla seguro e intenso, capaz de uma interpretação que rejeita o clichê. A presença de Vaneau, aliás, no intervalo, limpando o palco e denunciando a precariedade do Teatro Galpão, as dificuldades que cercam a continuidade das companhias de dança e a inaceitável política cultural que se desenvolve no nosso Estado ficam sendo o melhor momento do espetáculo. Ótimo ator, a participação de Vaneau traz vida a um programa onde o movimento não se sustenta sozinho[93].

Os problemas com equipamentos, condições técnicas, divulgação e outros viravam argumentos de uma batalha constante dos grupos por maior espaço e reconhecimento da dança.

As experiências e vivências pessoais formaram o núcleo de *Certas mulheres*. Com direção, coreografia, cenário e figurinos de Mara Borba, a peça falava do universo feminino nesse momento do país. Como comenta Acácio Ribeiro Vallim Júnior:

> O resultado dessa postura é que o espetáculo alinhava uma série de lugares-comuns sobre a mulher, alguns interessantes, outros redundantes e superficiais. E o aspecto positivo da apresentação acaba sendo a força visual de algumas imagens mais do que as veiculadas [...]. Existe um excesso de ideias e nem todas elas chegam ao público com clareza [...]. Apesar dessas falhas de construção, *Certas mulheres* consegue prender a atenção do público pelas ricas interpretações de Sônia Mota, Mara Borba e Susana Yamauchi[94].

J.C. Violla e Lala Deheinzelin examinaram e penetraram no ambiente urbano em *Valsa para vinte veias*, que trouxe um toque de realismo com o uso imaginativo do tempo e do espaço. Segundo os autores, a obra "era uma sombria meditação

Susana Yamauchi, Mara Borba e Sônia Mota em *Certas mulheres*

sobre o comportamento de multidões"[95]. Os intérpretes tinham variadas formações profissionais: engenheiros, *designers*, arquitetos, professores. Violla valeu-se da movimentação natural, com base nas pesquisas de Rudolf Laban, aprendidos nos anos de estudo com Maria Duschenes e com influência direta de Naum Alves de Souza, o qual assinou os figurinos e a composição cênica do trabalho.

O ponto de partida para a coreografia foi *Come Out*, composição do mestre minimalista Steve Reich inspirada em um episódio de automutilação cometida por um jovem negro ferido durante um choque entre policiais e negros no bairro do Harlem, em Nova York, no ano de 1964. A angústia, o desolamento e a desesperança tomam conta do palco em um espetáculo forte e contundente. Para Vallim Júnior,

> [...] o grito sobre a desumanização do homem é antigo e de maneira nenhuma se transformou num tema obsoleto. A falha maior de *Valsa para vinte veias* é apresentar essa problemática sob uma única perspectiva. As cenas são desesperadas demais, histéricas até o exagero sem qualquer colorido ou contraste emocional. Para o públi-

co faltam pausas de recuperação, momentos de reflexão e descanso. O bombardeio é tão intenso que os sentidos ficam sobrecarregados. A sensação do desagrado acaba vindo não da observação de cenas sobre angústia ou solidão, mas de um excesso de informações desagradáveis e redundantes [...][96].

Novamente a crítica apresentou diferentes olhares. Um ano depois da estreia, em sua reapresentação no Galpão, o crítico Rui Fontana Lopez comentava:

[...] os quadros e movimentos sucedem-se no palco, mostrando agrupamentos de pessoas em sua permanente busca de evasão e de consolo para vidas e cotidianos massacrados pelo tédio, pela angústia e pela desesperança. Simples e contundente, a coreografia associa-se à bela programação visual de Naum Alves de Souza, à precisa iluminação de Takao Kusuno e ao desempenho emocionado do elenco, fazendo de *Valsa...* um espetáculo profundo e instigante, que merece ser visto[97].

Assim como Violla, outros alunos dos cursos de Maria Duschenes ganharam os palcos da cidade. O Grupo Ex de Dança Contemporânea, formado por suas ex-dançarinas Dulce Maltez, Lala Deheinzelin, Nininha Araújo e Miriam Dascal, trabalhava em uma linha de pesquisa da movimentação natural de seus participantes. Na cena de *Cadê*, coreografia de Julio Vilan para o Grupo Ex, a música ao vivo aponta a interação das artes, sem uma estar subordinada à outra; e as músicas de Claus Petersen e Hermelino Neder contribuíam para isso com combinações insólitas de atabaques, flautas, guitarra, baixo e clarineta.

Esse foi um momento em que, cada vez mais, o coreógrafo funcionava como um dramaturgo, que organiza os movimentos criados por cada intérprete; que considera a importância dos diversos elementos (música, dança, iluminação, figurino, cenário) relacionando-os e procurando revelar as diferentes ações dos bailarinos sem perder de vista a ligação entre as partes e o todo da obra. A dança nasce de uma fusão de tendências, da soma das personalidades presentes.

Acácio Ribeiro Vallim Júnior comenta a apresentação do Grupo Ex:

> [...] fascinante observar o corpo dos dançarinos respondendo a estímulos sonoros, principalmente rítmicos, com precisão e entrega. No início da apresentação os dançarinos vão traçando os contornos de seus corpos com tinta colorida, deixando no fundo preto do palco um desenho relacionado com a forma que o corpo vai ocupando numa série de posições sucessivas. Como tudo é feito com lentidão, fica claro que o processo de construção do desenho guarda uma relação íntima com o corpo dos dançarinos. A dança que acontece em seguida obedece a esse princípio de construção de linhas e formas. Trabalhando com a ajuda de um coreógrafo (Julio Vilan), o grupo conseguiu organizar sua espontaneidade de movimento em estruturas mais formais sem perder nada em intensidade de comunicação[98].

Memórias, rastros do pensamento e percepções do dia a dia, conectados a tempos imemoriais, foram as matérias-primas de Ismael Ivo na construção de *Rito do corpo em lua*. Memórias suas e de outros negros: "A ideia do espetáculo é elevar a arte negra, afro-brasileira, a um *status* de arte universal, deixando de ser exótica"[99]. Ivo criou o trabalho a partir do afoxé, mas rompendo sua estrutura, com novas movimentações, fluxos e impulsos. O mesmo tipo de fusão estava presente na percussão de Dudu Tucci, executada na cena.

A continuidade dos grupos como Andança, Cisne Negro, Casa Forte, Grupo Ex de Dança Contemporânea e do próprio Grupo Teatro de Dança, instalado no Galpão, garantiu uma temporada bastante variada. Linneu Dias comenta que

[...] A continuidade do Teatro da Dança, agora instalado no Galpão, garantiu uma temporada bastante variada. O espaço foi garantido, pena as condições técnicas serem deficientes e o palco não ser o ideal. Para os grupos, só existe o espaço, já que a bilheteria nunca cobre as despesas de produção do espetáculo. Em termos de público, somente dados estatísticos exatos poderão afirmar se ele cresceu ou não. Aos espetáculos das duas companhias maiores, o Corpo de Baile e o Stagium, o público sempre comparece. Os grupos menores precisarão de tempo para associar seus nomes a trabalhos mais sólidos. O que tem levado esses grupos de dança até o palco tem sido apenas a necessidade de mostrar algum trabalho, já que é impossível sobreviver financeiramente da dança[100].

Os coreógrafos nacionais estavam se agitando em busca de uma liberdade maior ou diversa. Encaravam com grande simpatia as condutas aberrantes, consideradas anormais, reclamando para elas a permissão de exprimir, sem censura – lógica ou moral –, a parte mais irredutível e original de suas personalidades. A organização interna da composição e suas relações com o mundo exterior respondiam à liberdade de atender às sugestões do inconsciente e da imaginação poética. Assim, as regras dramáticas e a estrita verossimilhança psicológica foram quebradas, e ao real foi incorporado certo desvario, escapando da racionalidade excessiva, num contexto político ainda de grande cerceamento.

Nas apresentações de grupos internacionais, os destaques que marcaram o ano foram dois: Mikhail Baryshnikov[101], grande nome da dança clássica do século XX que procurava agora outras linguagens; e o Teatro de Dança de Wuppertal, de Pina Bausch, abordando a seu modo inigualável grandes temas universais, repercutindo minuciosamente nas relações humanas.

Por aqui, a dança continuava em busca de pertencimento. Junto ao profissionalismo vinha a preocupação política, o desejo de exprimir o país, a intenção de não isolar o palco de seu contexto social.

A temporada de dança no Galpão, em 1981, começou com *Graça bailarina de Jesus*, coreografia de Luíz Palina Neto, interpretada por Graziela Rodrigues. A obra abordava o universo da mulher no Brasil daqueles tempos. Segundo Helena Katz, a montagem "retratando o universo das mulheres exploradas no roteiro procura dar conta de um grande tema e por isso às vezes perde sua dramaticidade e intensidade. A composição da cena com elementos do cotidiano como um caixote e uma sacolinha surrada recria a atmosfera de desalento"[102].

Coincidência ou não, em março de 1981, depois da apresentação de *Graça bailarina de Jesus*, o Teatro Ruth Escobar foi temporariamente fechado, por ordem do delegado Orlando Barretti, do Departamento de Diversões Públicas. O teatro passava por uma reforma e isso, segundo os jornais da época, prejudicava o funcionamento com segurança da Sala Galpão, única com atividade nesse período.

Em seguida, a sala foi interditada pela Sehab (Secretaria de Habitação e Desenvolvimento Urbano), da Prefeitura.

> Os técnicos verificaram que as instalações elétricas da referida sala "estão em péssimo estado, com fios soltos e cabos de alta tensão sem proteção adequada". O chefe da equipe de fiscalização, Armando Cunha, diretor da Contru (Controle de Uso de Imóveis, da Sehab), disse ainda que as saídas do teatro são precárias, uma vez que o acesso a elas é feito através de escadas laterais em espiral de madeira, sem escoamento rápido, em caso de incêndio[103].

Ficaram suspensas as apresentações na Sala Galpão e também as obras de reforma das outras duas salas do Teatro Ruth Escobar – Meio e Gil Vicente – porque o diretor da Contru, Armando Cunha, acabou constatando, durante a vistoria, a inexistência de documentação adequada autorizando a reforma. Os autores do projeto e responsável pela execução da obra tiveram, então, o prazo de três dias para a apresentação dos documentos à Prefeitura. "O responsável pelo projeto, arquiteto Ruy Ohtake, explicou ao diretor da Contru que não havia qualquer intenção de burlar a lei, mas que o envio do projeto à Prefeitura aguardava apenas a medição criteriosa do terreno, que é geometricamente muito irregular"[104].

Em maio, o Teatro de Dança Galpão já estava novamente na ativa com a reapresentação dos espetáculos *Rito do corpo em lua* e *Certas mulheres*, que marcaram época. Os processos criativos procuravam uma relação mais direta dos intérpretes com o coreógrafo, prevalecendo as vivências individuais na composição da obra.

Outro espetáculo marcante de 1981 foi *Os amantes tristes*, com direção artística e coreografia de Stephane Dosse e roteiro de Juliana Carneiro da Cunha. A dança percorria por inteiro o corpo de Juliana e reverberava nos outros integrantes, como quando Alberto Carlos Martins expressava um sentimento por meio de pequenas vibrações ou movimentos simples de partes isoladas do corpo – um mero inclinar de cabeça ou um gesto de mão. Os movimentos cotidianos se integravam na cena para dar veracidade à interpretação.

Um espetáculo sucedia outro. O Cisne Negro Cia. de Dança mostrou coreografias de vários autores e o Andança apresentou *Cinderela não é mais aquela*, coreografia de Umberto da Silva (1951-2008) e direção e roteiro de José Possi

Cenas e coreografias do programa *Magia*,
com o Grupo Experimental de Dança.
Acima, em primeiro plano: Marly Pedroso.
Abaixo, em primeiro plano: Claudia de Souza.

À direita: Paulo Vinícius e Suzana Machado.

Neto. Uma sátira teatral que desafiou as integrantes a falar e a cantar na cena, tarefa difícil para quem não possuía essa prática específica.

Os coreógrafos compunham para diferentes grupos. Nesse mesmo ano, Umberto da Silva fez, para o Grupo Experimental de Dança (GED), de Penha de Souza, *Encosta Pravêsidá*, com músicas do Quinteto Violado. O GED apresentou também *Chega um tempo em que não se diz mais...*, de Penha de Souza, e *Magia*, de Ana Maria Mondini, peças que ainda se encontravam em processo de decantação da linguagem.

Foi *Kiuanka* que ganhou o título de melhor espetáculo do ano pela APCA. No palco, a história de um pássaro que encanta um lavrador e um pescador; uma lenda criada por Susana Yamauchi, Sônia Mota e João Maurício para contar o otimismo dessa ave em relação ao futuro do homem. Segundo Vallim Júnior,

[...] a primeira parte do espetáculo conta como a ave desce da montanha para seduzir um homem que trabalha a terra junto com um grupo de companheiros. Essa sedução é narrada com uma objetividade coreográfica surpreendente pela fusão perfeita da dança com movimentos ilustrativos de trabalho. A precisão da coreografia resulta na beleza de cada movimento isolado e na harmonia de um conjunto variado e criativo[105].

Já na segunda parte, para o crítico,

[...] a coreografia, que era variada e criativa na primeira parte, passa, de repente, a ser figurativa em excesso, abusando da simetria e do uníssono de movimentos. Todas as situações dramáticas que no início encontravam uma solução lógica em termos coreográficos passam a existir como simples cenas isoladas[106].

Acima: Grupo Experimental de Dança no programa *Magia* (*Opening*)

À esquerda: João Maurício em *Kiuanka*

Com outro tipo de trabalho, o grupo Casa Forte, dirigido por Edson Claro, mobilizou o público pela movimentação intensa e pela energia dos dançarinos. O espetáculo *Vida nova*, composto por quatro coreografias: *Ya nadie duerme*, *Cachaça*, *Nascente* e *Ontem, hoje e sempre*, esteve em sintonia com a presença cada vez maior da velocidade na vida cotidiana. *Ya nadie duerme*, criação de Ana Maria Mondini a partir das canções da América de língua espanhola, apresentou movimentos fortes e expressivos. Já *Cachaça*, de Armando Duarte, com música do grupo Spyro Gyra, voltou-se para o entretenimento. A noite ainda trazia a tecnicamente difícil *Nascente*, de Jairo Sette, que exigia uma técnica de giros constantes, e foi fechada com *Ontem, hoje e sempre*, de Edson Claro. Nessa variedade de linguagens, o grupo procurava encontrar seu caminho.

Violla reapresentou *Valsa para vinte veias*, além de trazer *Senhores das sombras* (coreografada com a colaboração de Janice Vieira) e *Flippersports*, que abordava o comportamento das massas manipuladas como joguetes alheios a sua vontade.

O Coringa, grupo do Rio de Janeiro criado em 1977 por Graciela Figueiroa, também esteve no palco do Galpão. O grupo apresentou coreografias da própria Figueiroa, uma uruguaia com residência e cursos em Nova York, e de Debby Growald.

Fechando o ciclo do Teatro de Dança, Célia Gouvêa trouxe novamente uma marca registrada desse espaço: o experimentalismo e os encontros de linguagens. *De pernas para o ar*, com roteiro inspirado em *Alice no País das Maravilhas*, colocava mais uma vez em cena o onírico e o comezinho. O espetáculo transbordou do palco para a plateia e ocupou os diferentes espaços do Galpão[107].

Para percorrer "as 'casas' do cotidiano, das passagens, da selva, do vazio, do tempo, do amor, e das bailarinas", como explica Gouvêa, ela selecionou vários versos da obra poética de Hilda Hilst e trechos de obras de Jorge Luis Borges e da *Bíblia*, declamados em *off* pela atriz Irene Ravache.

Para Sérgio Viotti,

Célia Gouvêa buscou caminhos idênticos para sua trajetória, mergulhou em universos próprios, falando-nos deles (e de si) através de uma coletânea de imagens que procura excitar imaginações [...] onde nacos de real são sugeridos acima do real, como em um sonho. [...] *De pernas para o ar é* uma procura de ordenação do universo subconsciente, por natureza desordenado[108].

Esse espetáculo foi o último subsidiado pela Secretaria de Cultura no Teatro de Dança Galpão. Um ciclo que se iniciou e terminou com a presença de Vaneau e Gouvêa, duas figuras marcantes da dança e do teatro paulistanos.

No ar do Bixiga, no tempo da cidade, ficaram os traços invisíveis de todos que por lá passaram. Como ficam também para nós, praticantes e amantes da dança no Brasil, frutos diretos ou indiretos da vida no Galpão.

De pernas para o ar: último espetáculo na Sala Galpão como Teatro de Dança

Cronologia

Inês Bogéa, com colaboração de Acácio Ribeiro Vallim Júnior[109]

TEATRO DE DANÇA GALPÃO

Teatro Ruth Escobar

(Rua dos Ingleses, 209 – São Paulo/SP)

1974

- *Caminhada*
  De 5/12 a 22/12/1974. Estreia extraoficial do Teatro de Dança
  Concepção e realização: Célia Gouvêa e Maurice Vaneau
  Coreografia: Célia Gouvêa
  Elenco: Célia Gouvêa, Daniela Stasi, Debby Growald, Eva Reska, Heloisa Guimarães, Julio Vilan, Mara Borba, Márcia Bittencourt, Maurice Vaneau, Rui Frati, Ruth Rachou, Sofia Saruê, Thales Pan Chacon
  Música: Nikolaus Stolterfoht (percussão)

1975

- Ballet Stagium: *Entrelinhas* (1972) e *D. Maria I, a rainha louca* (1974)
  4/3/1975. Estreia oficial da Sala Galpão como Teatro de Dança
  Direção: Décio Otero e Marika Gidali
  Coreografias: Décio Otero
  Música: *Concerto nº 2*, de Rachmaninoff (*Entrelinhas*)
  Elenco: Ballet Stagium (Beth Oliveira, Décio Otero, Geralda Bezerra, Júlia Ziviani, Marika Gidali, Miguel Trezza, Milton Carneiro, Mônica Mion, Nádia Luz, Ricardo Gomes, Ricardo Ordoñez, Sebastião Freitas)

- *Caminhada* (reapresentação)
  De 13/3 a 23/3/1975

- Corpo de Baile Municipal: *Uma das quatro, Sem título, Soledad e Medeia*
  Dias 16/5, 17/5 e 19/5/1975
  Elenco: Corpo de Baile Municipal (Carlos Demitre, Esmeralda Monteiro, Iracity Cardoso, Jorge Costa, Léa Havas, Leila Sanches, Marcia Bacalá, Raquel Strada, Rosângela Calheiros, Solange Caldeira, Sônia Mota, Vera Torres, Yara Ludovico)

  Uma das quatro
  Coreografia: Victor Navarro
  Música: Vivaldi

  Sem título
  Coreografia: Antônio Carlos Cardoso
  Música: Miles Davis e Beatles

  Soledad
  Coreografia: Antônio Carlos Cardoso
  Música: Astor Piazzolla

  Medeia
  Coreografia: Marilena Ansaldi
  Música: Pink Floyd

- *Allegro ma non troppo*
  De 31/7 a 14/9/1975
  Concepção e direção: Maurice Vaneau
  Trilha sonora: Villa Cinema e Som Ltda.
  Elenco: Aron Aron, Célia Gouvêa, Dolores Fernandes, Luiz Damasceno, Maurice Vaneau

- *Isso ou aquilo*
  De 17/9 a 30/10/1975
  Concepção e interpretação: Marilena Ansaldi
  Direção: Iacov Hillel
  Roteiro: Marilena Ansaldi e Emilie Chamie
  Textos: William Saroyan e um poema de Mário Chamie
  Slides: Claudia Andujar
  Música: Pink Floyd, Emerson, Lake & Palmer, Lery-Bechter, Stockhausen e Astor Piazzolla
  Cenários: Murilo M. Sola

- Teatro da Solidão: *Essências*
  De 1/11 a 16/11/1975
  Concepção e interpretação: Benito Gutmacher
  Produção: Maurice Vaneau
  Essências: "A peste", "A inércia", "Bravo", "O objetivo", "Não, violência não", "Poesia-Polícia", "Vocês trabalham", "Povo", "Mamãe, por quê?", "Universalmente"

- *Pulsações e improvisações*
  De 20/11 a 24/11/1975

Improvisações
Direção: Maurice Vaneau

Pulsações
Coreografia: Célia Gouvêa
Músico: Saulo Wanderley
Elenco: alunos do Teatro Galpão (Ana Michaela, Bia Luiz, Debby Growald, George Otto, George Piette, Henri Michel, Ismael Ivo, Jussara Amaral, Manoel Paiva, Maria Célia, Mirian Giannella, Zina Filler)

- Cia. de Dança Ruth Rachou: *Auké*
De 5/12 a 15/12/1975
Direção e adaptação: Francisco Medeiros
Coreografia: Ruth Rachou
Cenários e figurinos: Maurício Sette
Música: Casa do Ouvidor (Tunika e Marco Sacchi)
Elenco: Cia. de Dança Ruth Rachou (Debby Growald, João Maurício Carvalho, Paulo Contier, Ruth Rachou, Thales Pan Chacon, Yetta Hansen, Zina Filler)

Cursos
Cursos regulares: Antônio Carlos Cardoso (dança moderna), Iracity Cardoso (dança clássica), Célia Gouvêa (expressão corporal) e Maurice Vaneau (interpretação), Marilene Silva (jazz)
- Conferências com Renée Gumiel e Ismael Guiser
- Aula-espetáculo com Alwin Nikolais

1976

- *Isso ou aquilo?* (reapresentação)
De 12/2 a 31/3/1976

- *Danças e roda I*
Coreografia: Ivaldo Bertazzo
De 5/4 a 15/4/1976

Espetáculos do II Festival Internacional de Teatro de São Paulo apresentados na Sala Galpão. Produção: Ruth Escobar

- Kargahe Nemayeshi – City Players (Irã): *Calígula*
De 8/5 a 12/5/1976
Autor: Albert Camus
Direção: Arby Ovanessian
Assistente de direção: Nasrin Rahbari
Coreografia: Gita Ostovani
Intérpretes: Susan Taslimi, Siavash Tahmuresh, Fereydun Yosefi, Ali Reza Mojjallal, Saeed Oveysi, Ferdous Kaviani, Jamileh Nedai, Parviz Pour Hosseini, Sadreddin Zahed

- El Nuevo Grupo (Venezuela): *La revolución*
De 13/5 a 15/5/1976
Autor: Isaac Chocrón
Direção: Roman Chalbaud
Intérpretes: José Ignacio Cabrujas e Rafael Briceño

- Teatro Comédia Marplatense (Argentina): *Samka-cancha*
  De 16/5 a 19/5/1976
  Autores: Jorge Acha e Raúl Garcia
  Diretor artístico: Gregorio Nachman
  Cenografia e figurinos: Alícia Bodner
  Intérpretes: Aníbal Montecchia, Eduardo Nachman, Marta Rigau, Roque Pantoni, Andrea Vicente

- Experimental Indian Dances
  De 21/5 a 23/5/1976
  Direção e interpretação: Astad Deboo

- Grupo de Dança Renée Gumiel: *Mandala: o círculo mágico*
  De 15/6 a 30/6/1976
  Concepção e coreografia: Renée Gumiel
  Cenografia: Gabriel Borba Filho
  Iluminação: Walter
  Música: Ravi Shankar, Pierre Henry, Penderecki, Messiaen, Maurice Ohana, Catherine Ribeiro
  Elenco: Grupo de Dança Renée Gumiel (Claudia França, Cristina Ramasini, Edson Claro, Eliana Freddi, Fernando Madueño, Francisca Stoeterau, Hélio José, Henri Michel, Hilda Natali, Hugo Rocha, Leticia Bressane, Ligia Barreto, Lilian Sadek, Márcia de Castro, Marcos Bragato, Nadine Dahoui, Peter Hayden, Salle Fra, Silvia Mecozzi, Teresa Duque Estrada, Wander Fortes, Wilson Silva)

- *Por dentro/ Por fora*
  De 6/9 a 30/12/1976
  Coreografia: Marilena Ansaldi
  Direção: Iacov Hillel
  Argumento e textos: Mário Chamie
  Roteiro: Emilie Chamie
  Cenários e figurinos: Murilo M. Sola
  Música: Walter Carlos, Lasry Baschet, Mahavishnu Orchestra
  Elenco: Marilena Ansaldi e Rodrigo Santiago

- Grupo Pró-Posição Ballet Teatro: *Boiação*
  Dezembro de 1976
  Direção: Janice Vieira e Denilto Gomes
  Coreografia: Janice Vieira
  Cenários: Toshifumi Nakano
  Iluminação: Walter Rodrigues
  Projeção: Edna Faccas e Ricardo
  Elenco: Pró-Posição Ballet Teatro (Janice Vieira e Denilto Gomes)

1977

- *Possession*
  De 14/12/1976 a 24/12/1976
  Concepção e música: Alain Louafi
  Coreografia: Juliana Carneiro da Cunha e Alain Louafi
  Espetáculo baseado na vida e obra de Santa Teresa D'Ávila e de São João da Cruz

- *Maquiavélico Maquiavel* (peça teatral de Jair Antônio Alves)

Cursos
Cursos regulares: Sônia Mota (dança moderna), Ady Addor (balé clássico), Célia Gouvêa (expressão corporal) e Maurice Vaneau (interpretação para dança)
- Conferências com Renée Gumiel e Ismael Guiser

- Ballet Emproart: *Divertissement, Encontro, Valsa, Dybuk, Prólogo e epílogo, Concerto n°1, Adágio, Rapsódia do trânsito, Rhytmetron*
  De 14/1 a 18/1/1977
  Direção: Magaly Bueno Georgevich e Jocir Rodrigues
  Elenco: Nancy Bergamin, Susie Abrahão, Maísa Felix, Leonor Machado, Regina Nachtigall, Eliana Braga, Eloá Moreno, Lázaro de Mello, Jorge Defune, Marcos Bragato e Jocir Rodrigues

Divertissement
Coreografia: Yellê Bittencourt
Música: Saint-Preux

Encontro
Coreografia: Yellê Bittencourt
Música: Albinoni

Valsa
Coreografia: Gil Sabóia
Música: Igbert

Dybuk
Coreografia: Anton Garces
Música: Leonard Bernstein

Prólogo e epílogo
Coreografia: Yellê Bittencourt
Música: Rick Wakeman

Concerto n° 1
Coreografia: Anton Garces
Música: Mendelssohn

Adágio
Coreografia: Anton Garces
Música: Bach

Rapsódia do trânsito
Coreografia: Magaly Bueno Georgevich
Música: George Gershwin

Rhytmetron
Coreografia: Magaly Bueno Georgevich
Música: Marlos Nobre

- Grupo Pró-Posição Ballet Teatro: *Boiação* (reapresentação)
De 28/1/1977 a 15/2/1977

- Grupo Teatro de Dança: *Quem sabe um dia...* (*Sexteto para dez, Moda da onça, Jethro Provence, Para não morrer pela segunda vez, Ode para Roma, Quem sabe um dia...*)
De 1/4 a 11/4/1977
Direção: Sônia Mota
Direção musical: Marco Antônio Carvalho

Luz: Gian Carlo Bortolotti
Iluminação: Gaúcho
Elenco: Alna Prado, Carlinhos Silva, Carmem Lúcia, Cláudia Arbex, Debbie Growald, Eraldo Rizzo, Eugênia Rangel, George Otto, Ismael Ivo, João Maurício, Leila Nakaya, Luiza Cavalcanti, Malu Gonçalves, Mara Borba, Paulo Contier, Sérgio Tarla, Thales Pan Chacon, Yetta Hansen, Zina Filler

Sexteto para dez
Coreografia: Sônia Mota
Música: Brahms

Moda da onça
Coreografia: Sônia Mota
Música: folclórica do Sudeste brasileiro

Jethro Provence
Coreografia: Sônia Mota
Música: Provence, Jethro Tull

Para não morrer pela segunda vez
Coreografia: Mara Borba e Thales Pan Chacon
Música: Astor Piazzolla

Ode para Roma
Coreografia e interpretação: Ismael Ivo
Texto: *Grito hacia Roma*, de Federico Garcia Lorca

Quem sabe um dia...
Coreografia: Sônia Mota
Roteiro: Marco Antônio Carvalho
Música: Mike Oldfield

- Ciranda (*Infância, Maturidade, velhice e volta*)
De 15/04 a 24/04/1977
Direção, cenografia e figurinos: Murilo Sola
Coordenação geral: J. L. Machado
Elenco: Carmem Lúcia Ramos, Julio Vilan, Malu Gonçalves, Miriam Mirna Korolkavas, Yetta Hansen

Infância
Coreografia: Julio Vilan e Ana Maria Spyer
Música: Villa-Lobos

Maturidade, velhice e volta
Coreografia: Julio Vilan
Música: Albinoni e Antônio Carlos Jobim

- Grupo Artdanse: *Evocações, Dom Quixote, Carmem*
De 27/4/77 a 30/4/77
Direção: Halina Biernacka
Elenco: Cecília Kerche, Eveli Andreolo, Kátia Pigosi, Luciano Rocha, Márcia Barcellos, Mônica Contes, Patrícia Pacífico, Pedro Kraszczuk, Roberto Silva, Ruy Egídio, Sílvia Alegretti, Vera Alegretti

Evocações
Coreografia: Karen Schwartz
Música: Francis Poulenc

Dom Quixote
Versão da coreografia de Marius Petipa
Música: Minkus

Carmem
Coreografia: Halina Biernacka
Música: Bizet e Rodion Shchedrin

- Corpo de Baile Municipal: *Danças sacras e profanas, Nosso tempo, Mulheres* e *Pulsações*
De 12/5 a 15/5/1977
Direção artística: Antônio Carlos Cardoso
Assistente de direção: Iracity Cardoso
Iluminação: Herodino Loreto
Sonoplastia: Enedito Loreto
Elenco: Corpo de Baile Municipal (Alphonse Poulin, Álvaro Vittorio, Breno Mascarenhas, Carlos Demitre, Cesar Caetano, Delfino Nunes, Desirée Doraine, Jorge Costa, Iracity Cardoso, Ivonice Satie, Léa Havas, Leila Sanches, Lília Shaw, Luis Arrieta, Manoel Elias, Mônica Mion, Patty Brown, Rosângela Calheiros, Sidney Astolfi, Simone Coelho, Solange Caldeira, Sônia Mota, Vera Carneiro, Waldívia Rangel)

Danças sacras e profanas
Coreografia e figurinos: Victor Navarro
Música: Claude Debussy

Nosso tempo
Baseado em poemas de Carlos Drummond de Andrade
Concepção e coreografia: Antônio Carlos Cardoso
Música: Paulo Herculano (especialmente composta)
Narração: Rodrigo Santiago
Figurinos: Naum Alves de Souza

Mulheres (dançado nos dias 13 e 15 no lugar de *Nosso tempo*)
Coreografia e figurinos: Oscar Araiz
Música: Grace Slick

Pulsações
Coreografia e figurinos: Célia Gouvêa
Música: eletrônica: Richard Maxfield; flauta: Grace Henderson Busch (baseada em composições de Edgard Varèse e Jan Kapr); órgão: Lúcia Helena Azevedo; violão: Mário David Frungillo; percussão: Odair Gomes Salgueiro. Gravação: Studio Vice-Versa

- *Made in Brazil* (*Made in Brasil* e *Uma noite medieval*)
  De 4/6 a 18/6/1977
  Coreografia, elementos cênicos, figurinos e músicas originais: Bill Groves e Julie Bryan

Made in Brasil
"Vidros", "Sapos" e "Made in Brazil"
Música: de vidros, de sapos e folclórica brasileira

Uma noite medieval
Improvisação aberta
Música: músicas do século XII

- *Danças e roda I*
  De 21/6 a 25/6/1977
  Direção: Ivaldo Bertazzo e Alberto M. Pinto
  Elenco: Ivaldo Bertazzo, Alberto M. Pinto e alunos da Escola de Dança Ivaldo Bertazzo (Adriana Mattoso, Ana Belluzo, Ana Tereza Smith, Beatriz Anglea C. Vaz, Bia Ocougne, Carlos A. Viceconti, Carmem Leibovici, Cecília Cardoso, Ciça C. Pinto, Circe Bernardes, Claudia Kiyianitza, Diana Tabacof, Dioneia da Paixão, Fernanda Abujamra, Flora Salles Pinto, Inês Aina Sadek, Jorge Leal Medeiros, José Roberto Aguilar, Joseph Young, Lúcia Campello Hahn, Lúcia Villares, Lucila Meirelles, Marcelo Leoni, Marcia de Oliveira, Marilia Papaterra Limongi, Nadia Ferreira, Nilce Broadway, Pedro Paulo Garcia, Regina Souza Marques, Regina Vieira, Rubens Naves, Ruy Costa, Sofia Carvalhosa, Tatiana Taterka, Tereza Lara, Vania Gomes, Vera Andrade Silva, Vera Galli, Vera Vieira Rodrigues, Virginia Valadão)

Som: Studio free
Iluminação: Gaúcho

- *Escuta, Zé!*
De 22/7 a 23/12/1977
Coreografia: Marilena Ansaldi
Direção artística: Celso Nunes
Texto e roteiro: Marilena Ansaldi, inspirada no livro *Escuta, Zé Ninguém!*, de Wilhelm Reich
Música: Mahler, Moussorgsky, Piazzolla, Cameroons, Paulo Herculano
Participação musical: Paulo Herculano
Cenografia: Márcio Tadeu
Máscaras: Circe
Iluminação: José Carlos de Castro
Elenco: Marilena Ansaldi, Rodrigo Santiago, Bernadette Figueiredo, João Maurício, Thales Pan Chacon, Zenaide

- *Cavalo de batalha*
De 10/10 a 31/10/1977 (segundas-feiras)
Concepção e direção: Heart Smile (Vivian Mamberti)
Música: músicas do Quênia, da Índia, Paulo Moura, Jorge Ben, Strauss e Paul Horn
Iluminação: Gaúcho
Elenco: Antônio de Jesus e Tology

- *Danças e roda II*
De 9/11 a 20/11/1977 (de quarta-feira a domingo)
Coreografia: Ivaldo Bertazzo
Direção: Ivaldo Bertazzo e Alberto M. Pinto
Texto: Alberto M. Pinto
Iluminação: Gaúcho
Sonoplastia: Lina Chamie
Músico: Samir Mozayek
Elenco: Adriana Mattoso, Alberto M. Pinto, Bia Ocougne, Cecília Cardoso, Circe Bernardes, Flora Salles Pinto, Inês Sadek, Ivaldo Bertazzo, Lúcia Campello Hahn, Marília Papaterra Limongi, Nádia Ferreira, Nícia Altúzar, Pierre Paul, Regina Vieira, Ronaldo Duschenes, Tania Taterka, Vera Galli, Vera Nóbrega, Virgínia Valadão
Participação especial: Selma Egrei

- *Montagem Atlântico/Pacífico* (*Solo para Karen Attix*, *Trilogia de Bach*, *Under Ordinary Stands*, *Montagem Atlântico/Pacífico*)
De 25/11 a 30/11/1977
Direção: Karen Attix
Produtor: Sociedade Civil e Cultural Ruth Rachou
Iluminador: Gaúcho
Elenco: Karen Attix

Solo para Karen Attix
Coreografia: Matthew Diamond
Música: Stanley Clarke

Trilogia de Bach
Coreografia: Kathryn Posin e Karin Attix
Música: Bach

Under Ordinary Stands
Coreografia: Karin Attix
Música: Betty Siujun Wong
Voz: Mary G. West
Figurinos: Kim Pauley

Montagem Atlântico/Pacífico
Coreografia: Karin Attix
Música: Philip Glass

- Grupo Teatro de Dança: *Campo aberto*, *Vai-vem*, *Lar doce lar*, *Agora Terpsícore*, *Recepção* (espetáculo de encerramento do ano)
De 10/12 a 12/12/1977
Concepção: Sônia Mota
Luz: Giancarlo
Direção musical: Marco Antônio Carvalho
Participação: Ady Addor, Dulce Mota, Ismael Ivo, Renate Behnert e Solange Caldeira

Campo aberto
Concepção: Lia Rodrigues
Coreografia e figurinos: Grupo
Bonecos: Susana Yamauchi
Música: Steve Hackett e Grupo Zambo
Elenco: Ana Maria Sá, Ethel Scharf, Gladys Aijzemberg, Lia Rodrigues, Luiza Cavalcanti, Malú Gonçalves, Márcia Gorenzaig, Maria Eugênia Guimarães, Rosana Russo, Silvia Bittencourt, Sônia Galvão e Susana Yamauchi

Vai-vem
Coreografia: Sônia Mota
Música: medieval da Provença
Elenco: Antonio Carlos Oliveira, Cláudia Deheinzelin, Cláudio Fonseca, Cláudio Luiz Silva, Lúcia Merlino, Marcia Rosenfeld, Marco Antônio Augusto, Michele Matalon, Mônica Falcão, Quelita Moreno, Ricardo Cohon e Rose Mehoudar

Lar doce lar
Coreografia e figurinos: Sônia Mota
Música: Chick Corea
Elenco: Lúcia Merlino, Marco Antonio Oliveira, Quelita Moreno

Agora Terpsícore
Coreografia e figurinos: Sônia Mota
Música: Keith Jarrett
Elenco: Calu Ramos, Lia Rodrigues, Luiza Cavalcanti, Malu Gonçalves, Marta Salles, Sílvia Bittencourt, Sônia Galvão e Susana Yamauchi

Recepção
Coreografia: Sônia Mota
Música: Lennon e McCartney
Figurinos: Sônia Mota e Grupo
Máscaras: Claudio Fonseca
Elenco: Grupo Teatro de Dança

Cursos
Cursos regulares: Sônia Mota (dança moderna), Ady Addor (dança clássica), Célia Gouvêa (expressão corporal) e Maurice Vaneau (interpretação para dança).

Semana de dança
De 4/7 a 9/7/1977
Segunda-feira: Sônia Mota com o Grupo Teatro de Dança (técnica de dança clássica)
Terça-feira: Ruth Rachou (técnica de Martha Graham)
Quarta-feira: Ivaldo Bertazzo (danças populares e técnicas respiratórias)
Quinta-feira: Denilto Gomes e Janice Vieira (técnica Laban)
Sexta-feira: Fabiana Cordeiro e Cybele Cavalcanti (espetáculo didático de dança, projeções sobre coreografias e Computer-Art)
Sábado: Antônio Carlos Cardoso, Victor Navarro e Iracity Cardoso com o Corpo de Baile Municipal (aula didática sobre a dança clássica)
Domingo: Grupo Pró-Posição (Denilto Gomes e Janice Vieira) com o espetáculo *Boiação*

Curso de férias
Dança moderna: Karin Attix (De 3/11 a 3/12/1977)

1978

- *Margarida Margô do meio-fio*
  De 10/1 a 15/2/1978
  Roteiro: Clarisse Abujamra e Naum Alves de Souza
  Direção e cenários: Naum Alves de Souza
  Coreografia e interpretação: Clarisse Abujamra
  Iluminação: Gaúcho
  Trilha sonora: Hugo Gama

- Grupo Teatro do Movimento: *Domínio público* (*Luísa Porto, Domínio público, Eterna, Improviso, Animus*)
  De 1/3 a 8/3/1978
  Direção: Angel Vianna e Klauss Vianna
  Elenco: Grupo Teatro do Movimento (Graciela Figueiroa, Michel Robin e outros)
  Participação especial: Denilto Gomes e Mariana Muniz

  Luísa Porto
  Baseada no poema "Desaparecimento de Luísa Porto", de Carlos Drummond de Andrade
  Roteiro: Klauss Vianna
  Coreografia: Lourdes Bastos
  Música: Pixinguinha, Ismael Silva, Francisco Alves, N. Bastos, Paulinho da Viola, Tom Jobim

  Domínio público
  Coreografia: Oscar Araiz
  Música: Luciano Berio

  Eterna
  Coreografia: Lourdes Bastos
  Música: Egberto Gismonti

  Improviso
  Coreografia: Graciela Figueiroa
  Música: Haydn

  Animus
  Improvisação: Michel Robin

- Grupo Pró-Posição Ballet Teatro: *O silêncio dos pássaros*
  De 11/3 a 31/3/1978
  Direção: Roberto Gil Camargo
  Coreografia: Janice Vieira
  Música: Shostakovich, Beatles, Hermeto Pascoal, Mauricio Kagel, Caetano Veloso, canto gregoriano
  Roteiro: Denilto Gomes
  Cenários: Gil de Mello
  Elenco: Grupo Pró-Posição Ballet Teatro (Janice Vieira e Denilto Gomes)

- *Depois do arco-íris*
  De 7/4 a 30/4/1978
  Autoria: Naum Alves de Souza e Alberto Guzik
  Direção, cenários e figurinos: Naum Alves de Souza

Coreografia: criação coletiva

Música: Ben Weber, Gaetano Nicosia, Irani de Oliveira, Ari Monteiro, Beethoven, Pe. José Maurício Nunes Garcia, Von Suppé, Mendelssohn, Chopin, Patápio Silva, Bernadino Batista, Antônio C. Ortiz, Irving Berlin, Saint-Saëns, Rubinstein, Bach, Gounod, Eric Satie, Ornette Coleman, Stephen Foster, Alan Hovaness, Johann Pachelbel

Elenco: J.C. Violla, Alexandra Correa, Cristina Brandini, Artelino

- Grupo de Dança Renée Gumiel: *Amargamassa* ("Ilusão e angústia da vida urbana", "Ilusão e angústia da vida campestre", "Amargamassa")

De 4/5 a 21/5/1978

Direção e coreografia: Renée Gumiel

Argumento: Paulo Klein e Renée Gumiel

Música: Luciano Berio, Varese, Vivaldi, David Bowie, Quinteto Armorial

Iluminação: Gaúcho

Voz: Irene Ravache

Elenco: Grupo de Dança Renée Gumiel (Claudia França, Eliana Freddi, Fernando Madueño, Francisca Stoeterau, Márcia Pacheco, Rejane Carvalho, Stella Botelho)

Participação especial: Ruth Rachou e Peter Hayden

- Ballet Evolução: *Divertissement*, *Lembranças... (Urubu)*, *Chamada*, *Seres... acima de qualquer suspeita*, *Paquita*, *Styllus*

De 26/5 a 28/5/1978

Direção: Verônica Coutinho

Produção: Amanda e Verônica Ballet S/C Ltda.

Elenco: Ballet Evolução (Sílvia C. Gonçalves, Valéria de Mattos, Beth Risoléu, Sônia Mello, Verônica Coutinho, Márcia Clauss, Virginia Abbud, Ângela Borges, Ilara Lopes, Luisella de Maria, João de Carvalho, George Moreno)

Divertissement

Coreografia: Yellê Bittencourt

Música: Saint-Preux

Lembranças... (Urubu)

Coreografia: Jurandir G. da Silva e Verônica Coutinho

Música: Antônio Carlos Jobim

Chamada

Coreografia: Maria Helena Mazzetti

Música: Quinteto Armorial

Seres... acima de qualquer suspeita

Coreografia: Yellê Bittencourt

Música: Satie, acompanhado de bateria por Sérgio Luis P. Moraes

Paquita
Coreografia: Ricardo Ordoñez
Música: Minkus

Styllus
Coreografia: Yellê Bittencourt
Música: Benjamin Britten

- *Dança coral*
Dia 20/6/1978
Coreografia: Lisa Ullmann
Elenco: alunos de seu *workshop*

- *Dédalo e o redemunho (As quatro idades)*
De 7/6 a 25/6/1978
Concepção: Ivaldo Bertazzo
Direção artística, cenários, figurinos e máscaras: Adão Pinheiro
Roteiro: Adão Pinheiro, inspirado em R. Graves e P. Sanatarcangeli
Som: Lina Chamie
Texto: Dante e Jorge Luis Borges
Filme: José Roberto Negrão
Iluminação: Shaun Morrison e Raul Rachou
Elenco: Alberto M. Pinto, Denilto Gomes, Ivaldo Bertazzo, Paula Martins, Ruth Rachou, Selma Egrei

Programa: "Danças camponesas" (coreografia: Alberto M. Pinto), "Dança da rainha" (coreografia e interpretação: Paula Martins e Ivaldo Bertazzo), "Trabalho rítmico inspirado nos ritmos de soleares e alegria" (coreografia: Paula Martins), "Jogo cênico com a rainha, o minotauro, o rei e o arquiteto" (coreografia: Paula Martins, Ivaldo Bertazzo, Alberto M. Pinto), "O arquiteto e seu duplo" (coreografia: Ivaldo Bertazzo e Alberto M. Pinto), "Invenção do labirinto" (coreografia: Ivaldo Bertazzo), "Sequência do arquiteto" (coreografia: Alberto M. Pinto), "A donzela e o herói" (coreografia: Ivaldo Bertazzo), "Dança do herói" (coreografia e interpretação: Denilto Gomes), "Transformação" (coreografia: Ivaldo Bertazzo)

- *Deuses da guerra*
De 28/6 a 9/7/1978
Coordenação geral: Marlene Beatriz Marcondes, Paulinho e Eurípedes
Coreografia: Elaine Marconde do Aché
Grupo Líder Teatral de São Paulo e Grupo de Edinho Gantois

- O Teatro Galpão deixa de ser um teatro dedicado aos espetáculos de dança, pelo término do contrato entre a Secretaria Estadual de Cultura e a atriz-empresária Ruth Escobar, administradora do teatro. (*O Estado de S. Paulo*, 23 jun. 1978)

1979

Cursos
Júlia Ziviani (dança clássica), Ruth Rachou (dança moderna), Denilto Gomes e Lúcio Galvão (anatomia para a dança), Mara Borba (expressão corporal)
- Curso intensivo de dança: Lisa Ullmann (22/5 a 20/6/1978)
- Curso especial de dança: "História da dança e linguagens artísticas". Professores: Denilto Gomes, Lúcio Galvão, Maria Duschenes, Júlia Ziviani, Ruth Rachou, Sônia Mota, Mara Borba. Início: 11/5.

O TBC (Teatro Brasileiro de Comédia) passa a ser o Teatro de Dança, onde acontece a 1ª Mostra de Dança Contemporânea de São Paulo. No segundo semestre, a dança volta para o Galpão.

- *Um sopro de vida*
De 7/8/1979 a 27/1/1980
Concepção e interpretação: Marilena Ansaldi
Direção: José Possi Neto
Texto: adaptação do poema de Clarice Lispector por Marilena Ansaldi e José Possi Neto
Iluminação: Jorge da Costa
Coreografia: Victor Navarro
Sonoplastia: Jackson Silva
Trilha sonora: Flávia Calabi
Cenografia: Felipe Crescente
Participação: Ulis (cachorro)

Debates sobre a peça *Um sopro de vida*
Com Olga Borelli (22/8); Léo Gilson Ribeiro (29/8); Lygia Fagundes Telles (5/9); Pedro Paulo Senna Madureira (12/9)

1980

A Sala Galpão é o Teatro de Dança, porém em outros moldes: não havia mais aulas, conferências ou exibições de filmes.

- Cisne Negro Cia. de Dança: *Gente, Gadget, Del verde al amarillo, Micaretas*
  De 10/6 a 15/6/1980
  Direção: Hulda Bittencourt
  Elenco: Armando Duarte, Betsy Lobato, Beth Risoléu, Carmem Balochini, João Telles, Jorge Leal, Guadalupe de la Fuente, Márcia Claus, Márcio Rongetti, Marcos Verzani, Daniele Bittencourt, Narcisa Coelho, Ricardo dos Santos, Simone Ferro

  Gente
  Coreografia e figurinos: Sônia Mota
  Música: Benjamin Britten

  Gadget
  Coreografia: Victor Navarro
  Música: Penderecki
  Figurinos: Murilo Sola

  Del verde al amarillo
  Coreografia e figurinos: Victor Navarro
  Música: "Verão", de *As quatro estações*, de Vivaldi

  Micaretas
  Coreografia: Victor Navarro
  Música: Ihro, Mecoy, Egberto Gismonti, Peterson, Steve Reich
  Máscaras: Toninho Azevedo

- *As galinhas*
  De 20/6 a 6/7/1980
  Direção geral: Takao Kusuno
  Sonoplastia: Flávia Calabi
  Iluminação: José Roberto Harbs
  Elenco: Dorothy Lenner, Ismael Ivo, Renée Gumiel

- Grupo Pró-Posição Ballet Teatro: *Como sói acontecer*
  De 19/7/1980 a 27/7/1980
  Coreografia e direção: Janice Vieira
  Música: 1ª parte: Macalé e Hermeto Pascoal; 2ª parte ("Espelho"): Egberto Gismonti; 3ª parte ("Funeral"): Naná Vasconcelos e David Fanshawe
  Elenco: Grupo Pró-Posição Ballet Teatro

- Ballet Ismael Guiser: *Caprichos, Concerto em D, Children's Corner, Poesia em três atos, Tramas, Revés, Chiaroscuro, A cor do som*
  De 5/8 a 10/8/1980
  Direção geral: Ismael Guiser e Yoko Okada

Caprichos
Coreografia: Sônia Mota
Música: Paganini

Concerto em D
Coreografia: Victor Navarro
Música: Stravinsky

Children's Corner
Coreografia: Luis Arrieta
Música: Debussy

Poesia em três atos
Coreografia: Marise Matias
Música: Ravel e Debussy

Tramas
Coreografia: Yoko Okada
Música: Holst

Revés
Coreografia: Susana Yamauchi
Música: Haendel

Chiaroscuro e *A cor do som*
Coreografias: Ismael Guiser
Música: Messiaen, Britten

- Grupo Andança: *Pastoral, Agora Terpsícore, Espera, Maná, Chiclete com banana* (dias 13, 15 e 17) / *Pastoral, Agora Terpsícore, Baião, Bicho, Chiclete com banana* (dias 14 e 16)
De 13/8 a 17/8/1980
Som: Flávia Calabi
Elenco: Grupo Andança (Juçara Goldstein, Lia Rodrigues, Lúcia Aratanha, Malu Gonçalves, Marta Salles, Myriam Camargo, Silvia Bittencourt, Sônia Galvão)
Direção de ensaios: Susana Yamauchi

Pastoral
Coreografia: Luis Arrieta
Música: canções de Auvergne

Agora Terpsícore
Coreografia: Sônia Mota
Música: Keith Jarrett

Espera
Coreografia: Sônia Mota
Música: Egberto Gismonti
Voz: Zezé Motta

Maná
Coreografia: Sônia Mota
Música: Chick Corea

Chiclete com banana
Coreografia: Susana Yamauchi
Música: Pepeu Gomes, Arthur Blythe e Gilberto Gil

Baião e Bicho
Coreografia: Sônia Mota
Música: Egberto Gismonti

- *Coco, chocolate, tangerina*
  De 20/8 a 24/8/1980
  Concepção: Vivian Mamberti
  Colaboração: Flávio Império, Tunica, Fernanda Brancovic, Sérgio Mamberti
  Produção: Montagens Produções Artísticas
  Elenco: Antonio de Jesus e Elaine Marcondes

- Decamera Ballet: *Giselle, Sonata de outono, Contrastes, Dom Quixote, As bodas de Aurora, Grand pas classique* e *O corsário*
  De 7/10 a 12/10/1980
  Direção: Magaly Bueno Georgevich e Halina Biernacka

- Grupo Jazz Movimento: *Ginga*
  De 27/8 a 7/9/1980
  Direção e coreografia: Breno Mascarenhas
  Figurinos: Naum Alves de Souza
  Iluminação: Walmir Araujo
  Elenco: Grupo Jazz Movimento (Cristiane Longhi, Cristina Wirthmann, Maíza Tempesta, Tanise Wladiminski, Vera Allegretti, Breno Mascarenhas, Luciano Rocha, Sérgio Bruno, Tology)
  Primeiro ato: "Footing", "Ponto de ônibus", "Intimidade", "Clube da cidade"
  Segundo ato: "A turma se encontra", "Ebulição", "Ginga"

- *Naturalidade*
  De 10/9 a 14/9/1980
  Roteiro e direção: Analívia Cordeiro
  Produção: Julio Vilan Produções Artísticas S/C
  Cenografia: Analívia Cordeiro, Tobby Cotrim, Cybele Cavalcanti
  Figurinos: Analívia Cordeiro e Sylvia Nascimento
  Iluminação: Tobby Cotrim
  Elenco: Analívia Cordeiro, Christiana Dantas, Fabiana Cordeiro, Sylvia Nascimento

- *Braço a braço*
  De 18/9 a 28/9/1980
  Coordenação geral: Roberto Carvalhaes
  Roteiro: Thales Pan Chacon e Roberto Carvalhaes
  Coreografia: Thales Pan Chacon

Cenografia e figurinos: Sérgio Pantalena
Gravação e montagem: Flávia Calabi
Música: Chick Corea, Focus, Edith Piaf, Stanley Clark, Gilberto Gil, Beto Guedes
Iluminação: Heron Loretto e Batata
Elenco: Carmem Oliveira, Cláudia Decara, Déborah Salgueiro, Lúcia Merlino, Mazé Crescenti, Mazé Monteiro, Milton Carneiro, Rosa Baum, Suki Villas-Boas, Thales Pan Chacon
Programa: "A solidão de cada um", "Identidade 1", "Identidade 2", "Encontro", "Desnudamento", "Confronto indireto", "Confronto direto", "Harmonia", "Final"

- Grupo Experimental de Dança (GED): *Reflexos*, *Vida fácil*, *Como?*, *Festival Prop*
  De 2/10 a 5/10/1980
  Direção: Penha de Souza
  Elenco: GED (Cássia de Souza, Cláudia de Souza, Fernanda Freire, Marly Pedroso, Flávia Goldstein, Gaby Imparato, Maria Araci Smilari, Rosana Paz)

  Reflexos
  Coreografia: Penha de Souza
  Música: Luiz Chaves
  Músicos: Tuco (contrabaixo), Paulo (violão), Jan (flauta), João (percussão)

  Vida fácil
  Coreografia: Penha de Souza, Flávia Goldstein e Maria Araci Smilari
  Música: colagem musical

  Como? (estreia)
  Coreografia: Cássia de Souza e Flávia Goldstein
  Música: Keith Jarrett

  Festival Prop (estreia)
  Coreografia: Zdenek Hampl
  Música: trilha sonora do Grupo

- Grupo Teatro de Dança de São Paulo: *Promenade*, *Expediente*, *Contrastes para três* e *Lenda*
  De 16/10 a 26/10/1980
  Concepção e coreografia: Célia Gouvêa
  Produção, direção, cenários, figurinos e iluminação: Maurice Vaneau
  Elenco: Célia Gouvêa, Rose Akras, J.C. Violla, João Ubida, Zélia Monteiro

  Promenade
  Montagem musical: Flávia Calabi
  Figurinos: Michele Matalon

Expediente (estreou em 1/10/1980 no Teatro Tereza Raquel, RJ)
Música: Luciano Berio

Contrastes para três (estreou em 12/4/1980 no Centro de Convivência Cultural em Campinas, SP)
Música: Bela Bartók

Lenda (estreou em 1/10/1980 no Teatro Tereza Raquel, RJ)
Música: Hermeto Pascoal

- *Certas mulheres*
De 29/10 a 2/11/1980
Direção, coreografia, cenário e figurinos: Mara Borba
Música: Nino Rota, Jean-Luc Ponty, Kurt Weill, Wilson Roberto Sucorsky
Iluminação: Iacov Hillel
Elenco: Mara Borba, Sônia Mota, Susana Yamauchi
Participação especial: Donato Velleca

- *Visão contemporânea* (*Heranças, Clareando, Sementes e raízes, Suíte doida e machucada*)
Dia 4/11/1980
Elenco: Ana Lins, Carlos Mangueira, Gilda Murray, Jonas Dalbecchi, Patrícia Spohr, Samuel Fontana, Sérgio Vilhena, Sônia Tavares

Heranças
Coreografia e argumento: Gilda Murray
Música: colagem
Cenografia e figurinos: Mário Galvão

Clareando
Coreografia: Jonas Dalbecchi
Música: Richard Beirach

Sementes e raízes
Coreografia: Jonas Dalbecchi
Música: Jack Dejohnette e Naná Vasconcelos

Suíte doida e machucada
Coreografia: Jonas Dalbecchi
Música: colagem

- *Valsa para vinte veias*
De 19/11 a 23/11/1980
Coreografia: J.C.Violla e Lala Deheinzelin
Figurinos/espaço cênico: Naum Alves de Souza
Luz: Takao Kusuno
Som: Flávia Calabi
Música: Maurice Ravel, Brian Eno, Steve Reich, Maurice Jarre

Elenco: Caio Perez, Daniel Calmanowitz, Eduardo Fagnani, Eduardo Levy, Graziela Mangurelli, Helena Mangini, Hermes Barnabé, José Antônio Vieira, José Tadeu Arantes, J.C. Violla, Lala Deheinzelin, Lena Machado, Lúcia Villares, Marcelo Villares, Maria Arcieri, Maria Clara Pichetti, Marcia May, Patrícia Azevedo, Sandra Rodrigues

- Grupo de Dança Casa Forte: *Alto contraste* (Programa 1: *Balada de Chopin, Canções para uma criança morta, Hoje, amanhã e sempre*. Programa 2: *Fantasias, Sapateado, Hoje, amanhã e sempre*)
De 26/11 a 7/12/1980
Direção artística: Edson Claro
Sonoplastia: Júlio Corrêa, João Marcondes e Olavo Jr.
Iluminação: Peter Ritterbeck
Figurinos: Denise Gaspar e Zilah Crisóstomo
Elenco: Grupo de Dança Casa Forte (Antônio Carlos, Denise Gaspar, Edson Claro, Eliete Donatelli, Iolanda Melo, Ives Bastos, Izilda Carvalho, João Marcondes, José Dionísio, Karin Riedel, Maísa Fulginitti, Marcos Delon, Maria Inês Artaxo, Maria Luiza Miranda, Morgana Cumino, Paulo Rodrigues, Silvana Gonçalves, Sylvia Helena, Vera Rosário, Waldomiro Batista)

Balada de Chopin
Coreografia e figurinos: Ruth Rachou
Música: *Balada nº 1 em sol menor, opus 23*, de Chopin

Canções para uma criança morta
Coreografia e figurinos: Luiz Arrieta
Música: *Kindertotenlieder*, de Mahler
Bailarino convidado: Luiz Amaro

Hoje, amanhã e sempre
Coreografia: Edson Claro
Música: "Feeling Good", "Michelle", "Liberation Ballet"

Fantasia
Coreografia: Edson Claro
Música: Flaute Baroque, Gotta Move
Figurino e bonecos: Denise Gaspar e Sylvia Helena

Sapateado
Coreografia: Maria Lúcia Marchina
Música: "For Me and My Gal", "Cheek to Cheek", "My Sentiment", "Sweet Lorraine", "Everything I've Got Belongs to You", "Little Brown Jug"

- Grupo Ex de Dança Contemporânea: *Cadê*
De 9/12 a 14/12/1980
Coreografia: Júlio Vilan e Grupo Ex
Música: Claus Petersen e Hermelindo Neder
Músicos: Adilson Leite Chaves (atabaque e solo), Claus Petersen (atabaque e flauta), Hermelindo Neder (narração e guitarra), Marcelo Petraglia (atabaque e clarineta), Sílvia Ocougne (atabaque e baixo); Atsuko

Wada, Igor L. Maués, Joaquim C. M. de Abreu, Luiz Gustavo Petri, Maria Cecília Tuccori, Meri Harakawa, Robert de Oliveira e Saulo Camargo (atabaques)
Elenco: Grupo Ex de Dança Contemporânea (Dulce Maltez, Lala Deheinzelin, Nininha Araújo, Miriam Dascal) e convidados: Alberto C. Martins Vieira, Marília Aguiar, Murilo de Moraes Seixas

- *Rito do corpo em lua*
De 11/12 a 13/12/1980
Criação, direção geral e interpretação: Ismael Ivo
Produção: Ângela de Castro
Música: Dudu (percussão, autoria e execução)
Iluminação: Takao Kusuno e Felicia Ogawa

- Grupo de Atores Bailarinos: *Heliogábalo, o anarquista coroado*
De 16/12 a 21/12/1980
Direção, roteiro e coreografia: Regina Miranda
Texto: Carlos Henrique Escobar, com base no ensaio homônimo de Antonin Artaud
Cenários: Luiz Áquila e Celeida Tostes
Música: Arnaldo Dias Baptista (especialmente composta)
Figurinos: José Paulo Correia
Elenco: Ricardo Kosovski e os Atores Bailarinos do Rio de Janeiro

1981

Último ano em que o Teatro Galpão foi a residência da dança patrocinada pela Secretaria do Estado de Cultura.

- *Graça bailarina de Jesus* ou *7 linhas de umbanda salvem o Brasil*
De 7/1 a 11/1/1981
Autores: Graziela Rodrigues, João Antônio de Lima Esteves, Celso Araujo, Ademar Dornelles
Coreografia: Luíz Palina Neto
Música: Milionário e Zé Rico, Raimunda Braga, Beethoven
Intérprete: Graziela Rodrigues

- *Rito do corpo em lua* (reapresentação)
De 12/5 a 17/5/1981

- *Certas mulheres* (reapresentação)
De 19/5 a 24/5/1981

- Cisne Negro Cia. de Dança: *Quem sabe um dia, Primeira oração, Del verde al amarillo, Gente, Sexteto para dez, Micaretas*
De 27/5 a 31/5/1981
Direção: Hulda Bittencourt
Elenco: Cisne Negro Cia. de Dança (Armando Duarte,

Beth Risoléu, Betsy Lobato, Carmem Balochini, Cláudia Decara, Dany Bittencourt, Jorge Leal, Marco Antônio Gomes, Marcia Claus, Mônica Kodato, Narcisa Coelho, Sílvio Dufrayer, Vera Solferini, Patrícia Ghirello, Robson Damasceno, João Carlos Aur)

Quem sabe um dia (reapresentação)

Primeira oração
Coreografia e figurinos: Luis Arrieta
Música: Francis Poulenc

Del verde al amarillo (reapresentação)

Gente (reapresentação)

Sexteto para dez (reapresentação)

Micaretas (reapresentação)

- **Os amantes tristes**
De 2/6 a 7/6/1981
Direção artística e coreografia: Stephane Dosse
Roteiro: Juliana Carneiro da Cunha
Roteiro do prólogo: Stephane Dosse
Iluminação: Percy
Música: David Darling, Paul Horn, Keith Jarrett, Gustav Mahler
Elenco: Alberto Carlos Martins, Juliana Carneiro da Cunha, Marina Helou, Stephane Dosse
Participação no prólogo: Bibi Junqueira, Francisco Solano, Pierre Crémioux

- Grupo Andança: *Cinderela não é mais aquela*
Dia 28/6/1981
Coreografia: Umberto da Silva
Direção e roteiro: José Possi Neto
Figurinos: criação coletiva
Sonoplastia: Tunica
Iluminação: José Possi Neto
Elenco: Grupo Andança (Daniela Stasi, Fátima Leonardo, Juçara Goldstein, Lucia Aratanha, Malu Gonçalves, Myriam Camargo, Silvia Bittencourt, Sônia Galvão)

- Balé Popular do Recife: *Prosopopeia... Um auto de guerreiro*
De 14/7 a 19/7/1981
Coreografia: André Luiz Madureira

- **Ballet de Câmera da Cidade de São Paulo:** *Nostalgia, Poema sinfônico, Interplay, Reflexos de amor*
De 28/7 a 2/8/1981
Direção e coreografias: Ricardo Ordoñez
Figurinos: Umberto da Silva e Ricardo Ordoñez
Elenco: Ballet de Câmera (Áurea Figueiredo, Cleide

Milani Lopes, Eleusa Lourenzoni, Gláucia Coelho, Ilara Ferreira Lopes, Sílvia Gonçalves, Carlo Dorigatti, Carlos de Goes, César de Goes, Edmar Soares, Eduardo Laino, Irineu Marcovecchio, Ricardo Blanco, Ricardo Ordoñez, Rubem Gabira)

Nostalgia
Música: Ernesto Nazareth

Poema sinfônico
Música: Franz Liszt

Interplay
Música: Morton Gould

Reflexos de amor
Música: Rachmaninoff

- Grupo Lolita Danse: *Lolita Dance*
Dia 24/8/1981
Coreografia: Márcia Barcellos
Elenco: Alain Michon, Arnald Sauer, Dominique Rebaud, Márcia Barcellos, Santiago Sempere

- Grupo Experimental de Dança (GED): *Magia* (Magia, Opening, Encosta Pravesidá, D, Chega um tempo em que não se diz mais...)
De 26/8 a 30/8/1981
Direção: Penha de Souza

Figurinos: Umberto da Silva
Máscaras: Toninho Macedo
Iluminação: Herondino Loreto
Elenco: Ana Galvão, Cássia de Souza, Cláudia de Souza, João Talles, Marly Pedroso, Emílio Alves, Rosana Paz, Paulo Vinícius, Sandra de Meo, Suzana Machado

Magia
Coreografia: Ana Maria Mondini
Música: Colin Walcott

Opening
Coreografia: Victor Navarro
Música: *As quatro estações*, de Vivaldi

Encosta Pravesidá
Coreografia: Umberto da Silva
Música: Quinteto Violado, Orquestra Armorial

D
Coreografia: Victor Navarro
Música: Igor Stravinsky

Chega um tempo em que não se diz mais...
Coreografia: Penha de Souza
Música: Chick Corea

- Ballet Advanced Paulista
  De 1/9 a 6/9/1981
  Direção: Aracy Evans e Roberto Azevedo
  Elenco: alunos do Ballet Advanced Paulista
  Coreografias: Marília Franco, Roberto Azevedo, Paulo Barras, Laura Donoso, Yellê Bittencourt, Roberto Azevedo, Aracy Evans

- Ballet Vitória Régia
  De 29/9 a 4/10/1981
  Coreógrafo e intérprete: Mozart Xavier
  Elenco: alunos do Ballet Vitória Régia

- *Kiuanka*
  De 6/10 a 11/10/1981 e de 23/10 a 25/10/1981
  Concepção: Susana Yamauchi
  Roteiro e direção: Susana Yamauchi e João Maurício
  Assistentes de coreografia: Júlia Ziviani e Mazé Crescenti
  Sonoplastia: Flávia Calabi
  Cenografia: Felipe Crescenti
  Figurinos: Susana Yamauchi
  Adereços: Donato Velleca
  Iluminação: Iacov Hillel
  Música: Ravi Shankar, John McLaughlin, Alan Stivell, Mike Oldfield, Carl Orff, Gerard Perotin, Guy-Joel, Cipriani, Michel Delaporte e Marc Canderau
  Elenco: Ciça Teivelis, João Maurício, Sônia Galvão, Sônia Mota, Susana Yamauchi, Yone da Costa, Zina Filler

- Instantes e instintos (*Sacrário, Círculo de ar, Llanto por Ignacio Sanchez Mejías*)
  De 13/10 a 18/10/1981

  Sacrário
  Coreografia: Janice Vieira
  Música: Milton Nascimento, Fernando Brandt, Edu Lobo
  Iluminação: Francisco Medeiros
  Interpretação: Denilto Gomes

  Círculo de ar (Estudo n°1 para uma estrela de absinto)
  Coreografia: Denilto Gomes
  Música: Walter Smetak e Egberto Gismonti
  Elenco: Denilto Gomes e Regina Claro

  Llanto por Ignacio Sanchez Mejías
  Coreografia: Janice Vieira e Denilto Gomes
  Direção e iluminação: Francisco Medeiros
  Música: anônimos espanhóis, Tárrega e De Falla
  Poema: Federico Garcia Lorca
  Iluminação: Francisco Medeiros

- Grupo Casa Forte: Vida nova (*Ya nadie duerme, Cachaça, Nascente, Ontem, hoje e sempre*)
De 27/10 a 1/11/1981
Direção: Edson Claro
Figurino: Umberto da Silva
Elenco: Cláudia Martinelli, Cláudia Palma, Denise Gaspar Reis, Edson Claro, Hélio Barbosa, Inês Artaxo, Ives Bastos Júnior, Marco Aurélio, Marcos Delon, Marina Ribeiro, Sérgio Guetto, Silvana Gonçalves, Sílvia Helena Jordão, Vera Sarlanis, Viviane Gomes, Waldomiro Batista

Ya nadie duerme
Coreografia: Ana Maria Mondini
Música: América Latina Canta e Amparo Ochoa
Figurino: Umberto da Silva

Cachaça
Coreografia: Armando Duarte
Música: Spyro Gyra
Figurino: Umberto da Silva

Nascente
Coreografia: Jairo Sette
Música: A Cor do Som
Figurino: Umberto da Silva

Ontem, hoje e sempre
Coreografia: Edson Claro
Música: coletânea de jazz

- J.C. Violla Grupo de Dança: *Valsa para vinte veias, Senhores das sombras* e *Flippersports*
De 4/11 a 8/11/1981
Elenco: J.C. Violla Grupo de Dança (Cristina Brandini, Caio Perez, Daniel Calmanowitz, Eduardo Fagnani, Helena Mangini, Hermes Barnabé, José Antônio Vieira, José Maria Carvalho, José Tadeu Arantes, J. C. Violla, Lala Krotszynsk, Lena Machado, Lúcia Vilares, Maria Arcieri, Maria Clara Pichetti, Marcia May, Marcelo Villares, Sandra Rodrigues)

Valsa para vinte veias (reapresentação)

Senhores das sombras
Coreografia: J.C. Violla, com colaboração de Janice Vieira
Figurinos e adereços: Naum Alves de Souza
Som: Flávia Calabi
Música: Schuler, Jarrett, Heber, Penderecki, Bee Gees, Mozart, Leiber, Stoler, Bach

Flippersports
Coreografia: J.C. Violla
Figurinos: Naum Alves de Souza
Música: Peter Gordon

- Coringa Grupo de Dança: *Anedótica, Visões fugitivas, Bach, Haydn, Trabalho, Chopin, As três irmãs, Ritmos, Ecce Gratum, 45*
De 11/11 a 15/11/1981
Direção: Graciela Figueiroa
Cenografia: Luiz Mermelstein e Gringo Cardia Jr.
Iluminação: Oficina de Luz; Walmir
Elenco: Grupo Coringa (Deborah Colker, Debby Growald, Elizabeth Martins, Guto Macedo, Graciela Figueiroa, Helena Brito, Lígia Veiga, Mariana Muniz, Michel Robin, Regina Vaz, Vera Lopes)

Anedótica
Coreografia: Graciela Figueiroa
Música: "Elizete", de Raimundo Fagner, *Concerto alla Rustica*, de Vivaldi, *Overture of a Fool*, de Supertramp, música do Grupo
Participação especial: Sérgio Maia e Wanda J. M. Leite

Visões fugitivas
Coreografia e piano: Debby Growald
Música: *Visões fugitivas, opus 22*, de Prokofiev

Bach
Coreografia: Graciela Figueiroa
Música: 3° movimento do *Concerto em fá menor*, de Bach

Haydn
Coreografia: Graciela Figueiroa
Música: 3° movimento do *Concerto para trompete*, de Haydn

Trabalho, Ritmos, 45
Coreografia: Graciela Figueiroa
Música: do Grupo

Chopin
Coreografia: Debby Growald
Música: *Estudo, opus 10, n°1*, de Chopin

As três irmãs
Coreografia: Mariana Muniz e Regina Vaz
Música: folclore italiano

Ecce Gratum
Coreografia: Graciela Figueiroa
Música: *Carmina Burana*, de Carl Orff

- Atores Bailarinos do Rio de Janeiro: Almanaque (*Reflexões poéticas de uma mão desesperada, Vayamos al diablo, Através de Alice, Nem sei bem por quê,*

Quadrados fechados, Cama de gato, Tango: meio máscara meio verdade, Sonata n. 7, Ponto de fuga, Encontro com Alina Reyes, Lamento)
De 18/11 a 22/11/1981

Almanaque
Direção e coreografias: Regina Miranda
Cenários: Luiz Áquila
Figurinos: José Paulo Corrêa

Reflexões poéticas de uma mão desesperada
Coreografia: Klauss Vianna (artista convidado)
Elenco: Rainer Vianna (artista convidado)

Vayamos al diablo
Criação e interpretação: Regina Miranda
Música: Astor Piazzolla

Através de Alice
Roteiro: Regina Miranda
Elenco: Regina Miranda e Ângela Loureiro

Nem sei bem por quê
Coreografia: Reinaldo Elias e Regina Miranda
Cenário e figurino: José Paulo Corrêa
Música: Jimi Hendrix
Elenco: Reinaldo Elias

Quadrados fechados
Coreografia e interpretação: José Paulo Corrêa

Cama de gato
Coreografia e interpretação: Ilana Marion

Tango: meio máscara meio verdade
Coreografia: Regina Miranda, em colaboração com José Paulo Corrêa
Música: Astor Piazzolla
Elenco: Regina Miranda e José Paulo Corrêa

Sonata n. 7
Coreografia: Regina Miranda, em colaboração com Ângela Loureiro
Música: Prokofiev
Elenco: Atores Bailarinos do Rio de Janeiro

Ponto de fuga
Música: trilha sonora com trechos de entrevistas de Billie Holiday e música de Herbert e Kahn, cantada por Billie Holiday
Elenco: Isabel Bicudo

Encontro com Alina Reyes
Coreografia e interpretação: Marina Martins e Luciana Bicalho

Lamento
Coreografia: Regina Miranda
Elenco: Marina Martins, Luciana Bicalho, Regina Miranda, Isabel Bicudo
Música: Manuel de Falla

- *De pernas para o ar*
  De 26/11 a 6/12/1981 (encerrando a carreira da sala Galpão como Teatro de Dança)
  Coreografia e roteiro: Célia Gouvêa
  Produção, direção e programação visual: Maurice Vaneau
  Música: Yascha Krein, Berlioz, Schönberg, Johann Strauss e Tchaikovsky. Voz: Irene Ravache
  Elenco: Célia Gouvêa, Fernando Penteado, Flávio Colatrello, Fortuna Drouer, João Ubida, Maria Mommensohn, Mauro Munhoz, Rose Akras, Rogério da Col, Ruth Amarante, Soraya Sabino, Yáskara Manzini, Zélia Monteiro
  Partes da coreografia: "Casa do cotidiano", "Casa das passagens", "A selva", "Casa do vazio", "Casa do tempo", "Casa do amor", "Casa das bailarinas", "Depoimentos", "Tuipakarulla"
  Textos: em "Casa do vazio": Henri Michaux, Theon Spanudis, *Bíblia*, Jorge Luiz Borges, Hilda Hilst; em "Casa do amor": Hilda Hilst

Notas

1. Em 2006, apenas na capital paulista, por exemplo, a Galeria Olido (Secretaria Municipal de Cultura), o Teatro de Dança (Secretaria Estadual de Cultura), o Teatro Fábrica, o Move e a Sala Crisantempo (os três mantidos com verba privada) apresentaram programação continuada de espetáculos, abrangendo uma grande diversidade de linguagens da dança.

2. Acácio Ribeiro Vallim Júnior foi crítico de *O Estado de S. Paulo*, de 1977 a 1986.

3. Em 1981, a companhia passou a se chamar Balé da Cidade de São Paulo.

4. Transcrito do documentário *Renée Gumiel: a vida na pele*. Direção de Inês Bogéa e Sergio Roizenblit, São Paulo: DOCTV, 2005.

5. As citações em que não houver outra indicação vêm de entrevistas feitas por Inês Bogéa.

6. Transcrito do documentário *Renée Gumiel: a vida na pele*, op. cit.

7. Sally Banes, *Terpsichore in Sneakers*, Middleton: Wesleyan University Press, 1987.

8. *Mudra* significa "gesto" em sânscrito.

9. Essas ideias foram parte do "Dossiê Pina Bausch" (organização, apresentação e entrevista, com Arthur Nestrovski), caderno especial *Mais!*, *Folha de S.Paulo*, 27 ago. 2000.

10. A resolução de 13 de novembro de 1974, publicada no *Diário Oficial do Estado* do dia seguinte, dizia: "Pedro de Magalhães Padilha, secretário de Cultura, Esportes e Turismo, no uso de suas atribuições, resolve: Artigo 1° – fica atribuído, junto à Câmara de Artes do Conselho Estadual de

Cultura, da Secretaria de Cultura, Esportes e Turismo, o Centro Estadual de Dança, que funcionará na sala 'Galpão' do Teatro Ruth Escobar à rua dos Ingleses n° 209, nesta capital. Parágrafo único – a Câmara de Artes cuidará, com fiel observância desta resolução, que o centro ora instituído será destinado somente às atividades artísticas programadas pela Subcomissão de Dança. Artigo 2° – O Centro Estadual de Dança terá a finalidade de incentivar o desenvolvimento artístico de dança dentro de suas várias tendências utilizando o local para as seguintes atividades: I – conferências, II – cursos de aperfeiçoamento, III – apresentação de espetáculos profissionais, amadores e escolares, IV – exibições de filmes relacionados com esse aspecto da arte. Parágrafo único – quanto à forma de procedimento de empréstimos de filmes para exibições, conforme o disposto no inciso IV do 2° artigo, desta resolução, será regulamentado pela câmara de Artes com aprovação do plenário do Conselho Estadual de Cultura. Artigo 3° – Esta resolução entrará em vigor na data de sua publicação." Em: *Diário Oficial do Estado*, São Paulo: Imprensa Oficial, 14 nov. 1974, p. 66.

11. Linneu Dias, "A experiência do Teatro de Dança no Galpão". Em: Linneu Dias e Cássia Navas, *Dança moderna*, São Paulo: Secretaria Municipal de Cultura, 1992.

12. Rofran Fernandes, *Teatro Ruth Escobar: 20 anos de resistência*, São Paulo: Global, 1985.

13. Idem.

14. Transcrito do documentário *Renée Gumiel: a vida na pele*, op. cit.

15. Depoimento ao Idart em 1978. O Departamento de Informação e Documentação Artística (Idart) foi criado em 1975 pela Secretaria Municipal de Cultura, em 1982 foi renomeado de Divisão de Pesquisas e passou a integrar o recém-inaugurado Centro Cultural São Paulo.

16. Outros espaços alternativos surgiram na cidade nessa época, como o Teatro 13 de Maio, aberto em 1968 no espaço de uma antiga oficina mecânica.

17. *Caminhada* foi reapresentada em 1975.

18. Transcrito do documentário *Renée Gumiel: a vida na pele*, op. cit.

19. "*Caminhada*: uma fusão perfeita de ideia e forma". *Jornal da Tarde*, São Paulo: 10 dez. 1974.

20. "*Caminhada* é um espetáculo que reúne dança, som, percussão e movimento". *City News*, São Paulo: 15 dez. 1974.

21. Excerto do programa do espetáculo.

22. "Stagium abre hoje o Teatro de Dança". *Folha de S.Paulo*, São Paulo: 4 mar. 1975.

23. "A dança cênica no Brasil passa a abordar temas mais brasileiros e procura uma linguagem de gestos nas danças do país". Décio Otero, em <www.stagium.com.br>. Acesso em: 23 jun. 2006.

24. Vale ressaltar que, nesse período, havia um intenso intercâmbio entre os artistas do Corpo de Baile e os do Teatro de Dança Galpão.

25. Em 1975, José Mindlin (1914-2010) assumiu a Secretaria de Cultura, Ciência e Tecnologia, que adquiriu esse nome no governo de Paulo Egídio. No tempo em que esteve à frente da secretaria, deu grande importância e apoio ao Galpão. Mindlin, que pediu demissão em 10 de fevereiro de 1976, foi substituído por Max Feffer (1926-2001), o qual deu prosseguimento ao projeto pela renovação do contrato com a atriz e empresária Ruth Escobar.

26. Vaneau e Gouvêa contribuíram, de diferentes formas, no fomento e na difusão de novos caminhos da arte, não só pela produção de seus próprios espetáculos, mas também pela produção, no Brasil, de outros. Em 1975, Vaneau foi responsável pela vinda do mimo argentino Benito Gutmacher, que apresentou *Essências*, um espetáculo que abordava a angústia, a solidão, a morte e a vida por meio do corpo e da dança.

27. "*Allegro ma non troppo*: a crítica pelos gestos". *Folha da Tarde*, São Paulo: 1 set. 1975.

28. "Ecologia e sarcasmo, sem equilíbrio". *Jornal da Tarde*, São Paulo: 19 ago. 1975.

29. *Pulsações* recebeu o Prêmio Governador do Estado de 1975. Em 1976, foi remontado para o Corpo de Baile Municipal.

30. Em 1975, foram ministrados cursos no Teatro de Dança Galpão por: Antônio Carlos Cardoso (dança moderna), Iracity Cardoso (dança clássica), Célia Gouvêa (expressão corporal), Maurice Vaneau (interpretação para dança) e Marilene Silva (jazz).

31. "A dança de volta à natureza". *Jornal da Tarde*, São Paulo: 20 nov. 1975.

32. "*Pulsações*: a retomada do real". *Última Hora*, São Paulo: 28 nov. 1975.

33. "Uma dançarina quer comover". *Folha de S.Paulo*, São Paulo: 12 fev. 1976.

34. "Marilena Ansaldi dança sua dúvida e sua coragem". *Folha de S.Paulo*, São Paulo: 4 out. 1975.

35. Idem.

36. Excerto do programa do espetáculo.

37. Sua primeira escola foi fundada em 1961, na rua Augusta, e, em 1968, a segunda foi aberta no Brooklin.

38. "*Mandala*, um balé preocupado com o mundo". *O Estado de S. Paulo*, São Paulo: 15 jun. 1976.

39. Excerto do programa do espetáculo.

40. Excerto do programa do espetáculo.

41. Transcrito do documentário *Renée Gumiel: a vida na pele*, op. cit.

42. "Um balé com os pés no chão." *Folha de S.Paulo*, São Paulo: 27 jan. 1977.

43. A apresentação de *Quem sabe um dia...* teve origem no curso de dança realizado no ano anterior. Sônia Mota ministrou aulas de dança moderna para duas dezenas de alunos inscritos. Para o lançamento de um novo ciclo de aulas, em 1977, foi pedido a ela que remontasse o espetáculo, agora acrescido de outros momentos. O Grupo Teatro de Dança apresentou esse e outros trabalhos no espetáculo de encerramento do ano de 1977.

44. "A importância da dança como instrumento de afirmação". *O Estado de S. Paulo*, São Paulo: 12 abr. 1977.

45. "No palco despojado, uma oportunidade para criar". *Jornal da Tarde*, São Paulo: 7 abr. 1977.

46. "A importância da dança como um instrumento de afirmação", op. cit.

47. Décio de Almeida Prado, *O teatro brasileiro moderno*, São Paulo: Perspectiva, 2003.

48. "Karen Attix: dança livre no rigor formal". *O Estado de S. Paulo*, São Paulo: 4 dez. 1977.

49. "A dança e os bailarinos, antes do pano subir". *O Estado de S. Paulo*, São Paulo: 4 jul. 1977

50. "Um sucesso de precisão e magia". *Jornal da Tarde*, São Paulo: 8 jun. 1977.

51. "A dança do ventre na rua dos Ingleses". *Folha de S.Paulo*, São Paulo: 9 nov. 1977.

52. Durante quase quarenta anos, Wilhelm Reich (1897-1957) desenvolveu uma ampla pesquisa sobre os processos energéticos vitais. Iniciou seu trabalho na década de 1920, tendo como principal objeto de estudo o funcionamento da bioenergia ("a função bioenergética da excitabilidade e motilidade da substância viva"), que o conduziu à descoberta de uma força básica que atua não só nos seres vivos, mas também no cosmo.

53. Marilena Ansaldi, *Atos: movimento na vida e no palco*, São Paulo: Maltese, 1994.

54. Cláudio Kahns, "Zé Ninguém: a paixão de Marilena por Reich". *Folha de S.Paulo*, São Paulo: 13 jul. 1977.

55. "Uma peça que leva o público ao orgasmo". *Jornal da Tarde*, São Paulo: 17 ago 1977.

56. Linneu Dias. *Anuário de artes cênicas* – coordenação Maria Thereza Vargas. São Paulo: Secretaria Municipal de Cultura, Departamento de Informação e Documentação Artística, Centro de Pesquisa de Arte Brasileira, 1977. Nesse ano estiveram em São Paulo, entre outros grupos: o Nikolais Dance Theatre, de Alwin Nikolais (1910-1993), com seu estilo inconfundível, que se valia das luzes e sombras para criar novas dimensões no palco; o Tanz-Forum (Balé da Ópera de Colônia), que trouxe a emblemática *Mesa verde* (1932), de Kurt Jooss (1901-1979); e o Pilobolos Dance Theatre, com seus malabarismos e recriações de um corpo sobre o outro.

57. "É irrisória a existência de apenas dois grupos numa cidade como São Paulo, onde deveria haver pelo menos dez companhias", diz Marilena Ansaldi em entrevista a Moacir Amâncio. "Dança teatral de Marilena", *Folha de S.Paulo*, São Paulo: 6 maio 1977.

58. *Anuário de artes cênicas(Teatro/Dança)*, São Paulo: Centro Cultural São Paulo, 1978.

59. "Uma imagem simplificada da rotina das margaridas". *Jornal da Tarde*, São Paulo: 9 fev. 1978.

60. "Imagens e ideias, através da dança". *Folha de S.Paulo*, São Paulo: 10 mar. 1978.

61. "Um espetáculo ousado e inovador". *O Estado de S. Paulo*, São Paulo: 23 mar. 1978.

62. "O espetáculo se dissolve em decepção". *Última Hora*, São Paulo: 20 mar. 1978.

63. "A dança inspirada no subúrbio". *Folha de S.Paulo*, São Paulo: 4 maio. 1978.

64. Excerto do programa do espetáculo.

65. "Mitologia nativa". *Veja*, São Paulo: 21 jun. 1978, n. 511, p. 69.

66. "Recital de estilos variados de dança". *O Estado de S. Paulo*, São Paulo: 13 jun. 1978.

67. Lisa introduziu a "Dança Educativa Moderna" nas escolas da Inglaterra. Estudou com Laban em sua escola em Nuremberg, onde deu suas primeiras aulas. Mais tarde, trabalhou em Essen com o dançarino, coreógrafo, professor e diretor Kurt Jooss (1901-1979), autor da célebre *A mesa verde* (1932). Devido à Segunda Guerra Mundial, Lisa emigrou para Dartington Hall, na Inglaterra, onde também estiveram Jooss, Rudolf Laban (1879-1958), Michael Tchekhov (1891-1955) e Sigurd Leeder (1902-1981), entre outros artistas refugiados da guerra.

68. Laban desenvolveu uma teoria essencialmente voltada para a análise do movimento e que está na origem da escola expressionista alemã. Desenvolveu, também, uma escrita da dança, a Labanotation. Seu trabalho oferece um grande referencial em matéria de compreensão do movimento, para além dos limites da dança. Suas pesquisas abordam o movimento em todas as suas formas, inclusive a ergonometria do trabalho em fábricas, que estudou no fim de sua vida, na Inglaterra.

69. "Lisa Ullmann, a vovó de 71 anos, explica sua teoria dançando". *O Estado de S. Paulo*, São Paulo: 12 jun. 1978.

70. *Anuário de artes cênicas (Teatro/Dança)*, op. cit.

71. A retomada da associação entre a dança e o Galpão, com a renovação de seu aluguel pela Secretaria de Cultura, não incluía mais os cursos e seminários.

72. "Um raro sopro de vida em cena". *Folha de S.Paulo*, São Paulo: 10 ago. 1979.

73. "Um mergulho permanente no sonho e na vida". *Jornal da Tarde*, São Paulo: 17 ago. 1979.

74. "Uma execução pública do ato de existir". *O Estado de S. Paulo*, São Paulo: 12 jun. 1979.

75. "Cultura: o saldo é positivo". *Revista Visão*, São Paulo: 10 dez. 1979.

76. Oscar Pilagallo, *O Brasil em sobressalto*, São Paulo: Publifolha, 2002, p. 151.

77. Sally Banes, op. cit., p. 30.

78. Expressão influenciada pelo "cinema de autor", que procura ressaltar na cena uma visão particular de mundo. No limite, o artista deve ser a cena, mais do que representar uma história nela.

79. Em 1978, ainda no governo de Valéry Giscard d'Estaing, é criado o Centro Nacional de Dança Contemporânea de Angers. No primeiro ano do governo de François Mitterand (1916-1996), em 1981, são instituídos o Festival Internacional Montpellier-Danse e a Casa da Dança de Lyon. Em 1984, surgem a Bienal Internacional da Dança, em Lyon, e o Teatro Contemporâneo da Dança, em Paris.

80. Em fevereiro de 1986, com uma inflação em torno de 400% ao ano, o presidente José Sarney anunciou o Plano Cruzado, batizado com o nome da moeda que substituiu o cruzeiro. Embora, em um primeiro momento, as medidas adotadas tenham arrefecido a hiperinflação, em pouco mais de um ano o país voltaria a conviver com o problema.

81. Cássia Navas, "Klauss Vianna em São Paulo". Em: Linneu Dias e Cássia Navas, *Dança moderna*, op. cit.

82. Vale notar que, na década de 2000, ocorrem manifestações parecidas: a classe cria, em 2001, o Fórum Nacional de Dança para defender o direito do profissional no Conselho Federal de Educação Física ("Projeto de lei vincula o ensino de dança à educação física", *Folha de S.Paulo*, São Paulo: 26 abr. 2001). Em 2004-2005, o Mobilização Dança conquista junto à Secretaria Municipal de Cultura de São Paulo a viabilização da Mostra de Dança Contemporânea, promovendo a circulação de 35 companhias em áreas menos centrais da cidade (teatros João Caetano, Paulo Eiró e Arthur Azevedo) e nos Centros Educacionais Unificados (CEUs). Em 2006, o Governador do Estado de São Paulo, Geraldo Alckmin institui o Programa de Ação Cultural pela Lei nº 12.268, de 20 de fevereiro de 2006.

83. *Anuário de artes cênicas (Teatro/Dança)*, São Paulo: Centro Cultural São Paulo, 1980.

84. Vitoria Daniela Bousso, *Metacorpos*, São Paulo: Paço das Artes, 2003.

85. "Um espetáculo de dança que faz pensar num poema de Pound". *Jornal da Tarde*, São Paulo: 3 jul. 1980.

86. "O nosso bom balé que já pode prescindir de estrelas estrangeiras". *Jornal da Tarde*, São Paulo: 31 dez. 1980.

87. Esse espetáculo aconteceu de 25 de agosto a 6 de setembro de 1981, na Sala Gil Vicente.

88. "Dança, não. É cópia pela cópia". *O Estado de S. Paulo*, São Paulo: 3 set. 1981.

89. "*Braço a braço*, coreografia confusa e sem imaginação". *O Estado de S. Paulo*, São Paulo: 24 set. 1980.

90. Antonio Candido, *Literatura e sociedade*, São Paulo: Nacional, 1965.

91. Grupo dirigido por Célia Gouvêa e Maurice Vaneau que teve um corpo fixo entre 1980 e 1989, quando se separou. Antes disso, os intérpretes eram escolhidos para cada nova montagem.

92. "Em *Três espetáculos*, dança folclórica e contemporânea. *O Estado de S. Paulo*, São Paulo: 17 out. 1980.

93. "Um passo atrás com a dupla Célia e Vaneau". *Folha de S.Paulo*, São Paulo: 15 nov. 1980.

94. "Ideias que não chegam ao público". *O Estado de S. Paulo*, São Paulo: 6 nov. 1980.

95. "Meditações sobre a multidão urbana". *O Estado de S. Paulo*, São Paulo: 19 nov. 1980.

96. "*Valsa para vinte veias*, bombástico e repetitivo". *O Estado de S. Paulo*, São Paulo: 23 nov. 1980.

97. "Mostra pela síntese teatro, dança, expressão". *Revista Visão*, São Paulo: 2 nov. 1981.

98. "Três tendências da dança, três resultados distintos". *O Estado de S. Paulo*, São Paulo: 21 out. 1980.

99. Miguel de Almeida, "Memórias raciais e a linguagem do corpo". *Folha de S.Paulo*, São Paulo: 16 nov. 1981.

100. "A tendência dos espetáculos longos no mundo da dança". *O Estado de S. Paulo*, São Paulo: dez. 1980.

101. Mikhail Baryshnikov formou-se na escola do Kirov Ballet em 1969, dançando com a companhia por cinco anos. Foi bailarino do American Ballet Theatre e do New York City Ballet, onde George Balanchine (1904-1983), grande mestre da dança neoclássica, desenvolveu seu trabalho. Foi, também, diretor do American Ballet Theatre. Como ator, estrelou, entre outros filmes, *O sol da meia-noite*, ao lado do dançarino e ator norte-americano Gregory Hines. De 1990 a 2002, Baryshnikov criou o projeto White Oak Dance, com Mark Morris, remontando

grandes peças da dança norte-americana do século XX. Em 2004, abriu em Nova York o Baryshnikov Arts Center. Em 2007, esteve no Brasil dançando com a sua companhia, Hell's Kitchen Dance. Em 2010, retornou ao Brasil para uma turnê com o espetáculo *Três solos e um dueto*, ao lado da bailarina Ana Laguna.

102. "Verdade e talento em *Graça bailarina*". *Folha de S.Paulo*, São Paulo: 12 jan. 1981.

103. "Interditada uma das salas do Ruth Escobar". *Folha da Tarde*, São Paulo: 20 mar. 1981.

104. "Interditada uma das salas do Ruth Escobar", op. cit..

105. "*Kiuanka*: inesquecível. E monótono". *O Estado de S. Paulo*, São Paulo: 22 out. 1981.

106. Idem.

107. O Teatro de Dança São Paulo pretendia permanecer nessa sala por um mês; entretanto, por determinação da Secretaria do Estado da Cultura, essa temporada teve de ser reduzida para apenas dez dias.

108. "Imagens do real sobrepostas como nos sonhos". *Jornal da Tarde*, São Paulo: 5 dez. 1981.

109. Fontes da cronologia: Linneu Dias, Anuário de Artes Cênicas. São Paulo: Secretaria Municipal de Cultura, Departamento de Informação e Documentação Artística, Centro de Pesquisa de Arte Brasileira, 1977, 1978, 1979, 1980 e 1981), centro de documentação do Centro Cultural São Paulo, artigos de jornal e programas dos espetáculos.

Referências

LIVROS

ANSALDI, Marilena. *Atos: movimento na vida e no palco*. São Paulo: Maltese, 1994.

BANES, Sally. *Terpsichore in Sneakers*. Middleton: Wesleyan University Press, 1987.

BOUSSO, Vitoria Daniela. *Metacorpos*. São Paulo: Paço das Artes, 2003.

CANDIDO, Antonio. *Literatura e sociedade*. São Paulo: Nacional, 1965.

FERNANDES, Rofran. *Teatro Ruth Escobar: 20 anos de resistência*. São Paulo: Global, 1985.

MERLEAU-PONTY, Maurice. *Fenomenologia da percepção*. Rio de Janeiro: Freitas Bastos, 1971.

NAVAS, Cássia e DIAS, Linneu. *Dança moderna*. São Paulo: Secretaria Municipal de Cultura, 1992.

PILAGALLO, Oscar. *O Brasil em sobressalto*. São Paulo: Publifolha, 2002.

PRADO, Décio de Almeida. *O teatro brasileiro moderno*. São Paulo: Perspectiva, 2003.

SUCENA, Eduardo. *A dança teatral no Brasil*. Rio de Janeiro: Fundacen, 1989.

TEXTOS PUBLICADOS NA IMPRENSA

ALMEIDA, Miguel de. "Memórias raciais e a linguagem do corpo". *Folha de S.Paulo*. São Paulo: 16 nov. 1981.

AMÂNCIO, Moacir. "Dança teatral de Marilena". *Folha de S.Paulo*. São Paulo: 6 maio 1977.

CURI, Celso. "*Pulsações*: a retomada do real". *Última Hora*. São Paulo: 28 nov. 1975.

DEL RIOS, Jefferson. "Marilena Ansaldi dança sua dúvida e sua coragem". *Folha de S.Paulo*. São Paulo: 4 out. 1975.

_____. "Um raro sopro de vida em cena". *Folha de S.Paulo*. São Paulo: 10 ago. 1979.

DIAS, Linneu. "Karen Attix: dança livre no rigor formal". *O Estado de S. Paulo*. São Paulo: 4 dez. 1977.

FIGUEIREDO, Corina. "Cultura: o saldo é positivo". *Revista Visão*. São Paulo: 10 dez. 1979.

FIORILLO, Marília Pacheco. "Mitologia nativa". *Veja*. São Paulo: 21 jul. 1978.

FOLHA DA TARDE. "Interditada uma das salas do Ruth Escobar". São Paulo: 20 mar. 1981.

FOLHA DE S.PAULO. "Stagium abre hoje o Teatro de Dança". São Paulo: 4 mar. 1975.

_____. "Uma dançarina quer comover". São Paulo: 12 fev. 1976.

_____. "Um balé com os pés no chão". São Paulo: 27 jan. 1977.

_____. "A dança do ventre na rua dos Ingleses". São Paulo: 9 nov. 1977.

_____. "Imagens e ideias, através da dança". São Paulo: 10 mar. 1978.

_____. "A dança inspirada no subúrbio". São Paulo: 4 maio 1978.

FUSER, Fausto. "O espetáculo se dissolve em decepção". *Última Hora*. São Paulo: 20 mar. 1978.

JORNAL DA TARDE. "A dança de volta à natureza". São Paulo: 20 nov. 1975.

_____. "Dança do ventre, uma receita de saúde oriental". São Paulo: 15 nov. 1977.

KAHNS, Cláudio. "Zé Ninguém: a paixão de Marilena por Reich". *Folha de S.Paulo*. São Paulo: 13 jul. 1977.

KATZ, Helena. "Verdade e talento em Graça Bailarina". *Folha de S.Paulo*. São Paulo: 12 jan. 1981.

_____. "Um passo atrás com a dupla Célia e Vaneau". *Folha de S.Paulo*. São Paulo: 15 nov. 1980.

LARA, Paulo. "*Allegro ma non troppo*: a crítica pelos gestos". *Folha da Tarde*. São Paulo: 1 set. 1975.

LOPEZ, Rui Fontana. "Dança". *Revista Visão*. São Paulo: 2 nov. 1981.

MAGALDI, Sábato. "*Caminhada*: uma fusão perfeita de ideia e forma". *Jornal da Tarde*. São Paulo: 10 dez. 1974.

_____. "Uma imagem simplificada da rotina das margaridas". *Jornal da Tarde*. São Paulo: 9 fev. 1978.

_____. "Um mergulho permanente no sonho e na vida". *Jornal da Tarde*. São Paulo: 17 ago. 1979.

_____."Ecologia e sarcasmo, sem equilíbrio". *Jornal da Tarde*. São Paulo: 19 ago. 1975.

_____."Uma execução pública do ato de existir". *O Estado de S. Paulo*. São Paulo: 12 jun. 1979.

MENDONÇA, Casimiro Xavier. "Lisa Ullmann, a vovó de 71 anos, explica sua teoria dançando". *O Estado de S. Paulo*. São Paulo: 12 jun. 1978.

NUNES, Celso. "Uma peça que leva o público ao orgasmo". *Jornal da Tarde*. São Paulo: 17 ago. 1977.

O ESTADO DE S. PAULO. "*Mandala*, um balé preocupado com o mundo". São Paulo: 15 jun. 1976.

_____. "A dança e os bailarinos, antes do pano subir". São Paulo: 4 jul. 1977.

_____. "O Teatro Galpão deixa de ser um teatro dedicado aos espetáculos de dança, pelo término do contrato entre a Secretaria Estadual de Cultura e a atriz-empresária Ruth Escobar, administradora do Teatro". São Paulo: 23 jun. 1978.

VALLIM JÚNIOR, Acácio Ribeiro. "A importância da dança como um instrumento de afirmação". *O Estado de S. Paulo*. São Paulo: 12 abr. 1977.

_____. "Um espetáculo ousado e inovador". *O Estado de S. Paulo*. São Paulo: 23 mar. 1978.

_____. "Lisa Ulmann, aos 72: dança e alegria". *O Estado de S. Paulo*. São Paulo: 20 jun. 1978.

_____. "Dança, não. É cópia pela cópia". *O Estado de S. Paulo*. São Paulo: 3 set. 1981.

_____. "*Braço a braço*, coreografia confusa e sem imaginação". *O Estado de S. Paulo*. São Paulo: 24 set. 1980.

_____. "Ideias que não chegam ao público". *O Estado de S. Paulo*. São Paulo: 6 nov. 1980.

_____. "Três tendências da dança, três resultados distintos". *O Estado de S. Paulo*. São Paulo: 21 out. 1980.

_____. "*Kiuanka*: inesquecível. e monótono". *O Estado de S. Paulo*. São Paulo: 22 out. 1981.

VIOTTI, Sérgio. "No palco despojado, uma oportunidade para criar". *Jornal da Tarde*. São Paulo: 7 abr. 1977.

VIOTTI, Sérgio. "Um sucesso de precisão e magia". *Jornal da Tarde*. São Paulo: 8 jul. 1977.

_____. "Um espetáculo de dança que faz pensar num poema de Pound". *Jornal da Tarde*. São Paulo: 3 jul. 1980.

_____. "O nosso bom balé que já pode prescindir de estrelas estrangeiras". *Jornal da Tarde*. São Paulo: 31 dez. 1980.

_____. "Imagens do real sobrepostas como nos sonhos". *Jornal da Tarde*. São Paulo: 5 dez. 1981.

TRIGUEIRINHO, Roberto. "*Caminhada* é um espetáculo que reúne dança, som, percussão e movimento". *City News*. São Paulo: 15 dez. 1974.

ANUÁRIOS

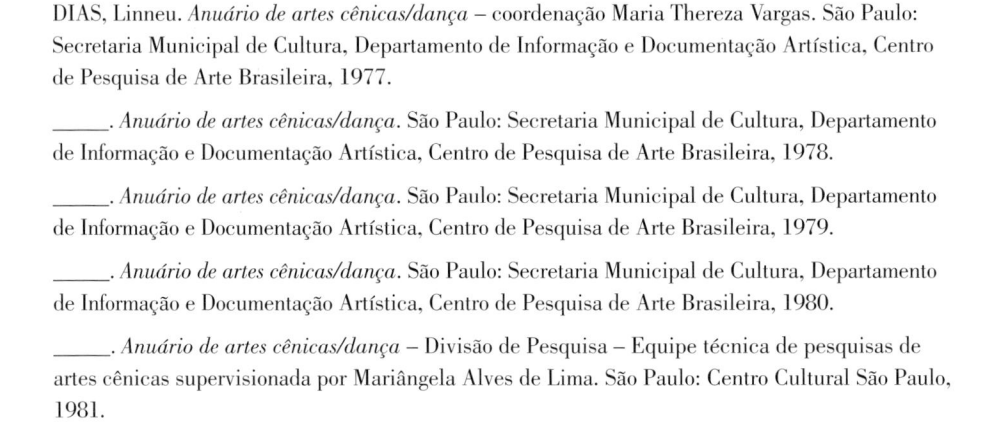

DIAS, Linneu. *Anuário de artes cênicas/dança* – coordenação Maria Thereza Vargas. São Paulo: Secretaria Municipal de Cultura, Departamento de Informação e Documentação Artística, Centro de Pesquisa de Arte Brasileira, 1977.

_____. *Anuário de artes cênicas/dança*. São Paulo: Secretaria Municipal de Cultura, Departamento de Informação e Documentação Artística, Centro de Pesquisa de Arte Brasileira, 1978.

_____. *Anuário de artes cênicas/dança*. São Paulo: Secretaria Municipal de Cultura, Departamento de Informação e Documentação Artística, Centro de Pesquisa de Arte Brasileira, 1979.

_____. *Anuário de artes cênicas/dança*. São Paulo: Secretaria Municipal de Cultura, Departamento de Informação e Documentação Artística, Centro de Pesquisa de Arte Brasileira, 1980.

_____. *Anuário de artes cênicas/dança* – Divisão de Pesquisa – Equipe técnica de pesquisas de artes cênicas supervisionada por Mariângela Alves de Lima. São Paulo: Centro Cultural São Paulo, 1981.

DOCUMENTÁRIOS

Renée Gumiel: a vida na pele. Direção de Inês Bogéa e Sergio Roizenblit. São Paulo: DOCTV, 2005.

Movimento Expressivo – Klauss Vianna. Direção de Inês Bogéa e Sergio Roizemblit. São Paulo: Miração Filmes e Crisantempo, 2005.

Maria Duschenes – O espaço do movimento. Direção de Inês Bogéa e Sérgio Roizemblit. São Paulo: Prêmio Funarte Klauss Vianna, 2006.

Umberto da Silva – Amo a vida e namoro a morte. Direção de Inês Bogéa e Tatiana Lohmman. São Paulo: Secretaria Municipal de Cultura, por ocasião da Virada Cultural Municipal, 2008.

Série Figuras da dança: "Figuras da dança 2008": Ady Addor, Ivonice Satie, Ismael Guiser, Marilena Ansaldi e Penha de Souza (direção de Inês Bogéa e Antônio Carlos Rebesco); "Figuras da dança 2009": Luis Arrieta, Antônio Carlos Cardoso, Hulda Bittencourt, Tatiana Leskova e Ruth Rachou (direção de Inês Bogéa e Sergio Roizenblit); "Figuras da dança 2010": Angel Vianna, Décio Otero, Sônia Mota e Márcia Haydée (direção de Inês Bogéa e Moira Toledo, 2010); "Figuras da dança 2011": Célia Gouvêa e Ana Botafogo (direção de Inês Bogéa); "Figuras da dança 2012": Edson Claro, Ismael Ivo, Lia Robatto e Marilene Martins (direção de Inês Bogéa). Concepção da série: Inês Bogéa e Iracity Cardoso. São Paulo: Ministério da Cultura, Governo do Estado de São Paulo, Secretaria de Estado da Cultura e São Paulo Companhia de Dança, 2008 a 2012.

IMAGENS DE VÍDEO (ACERVO TV CULTURA)

1. São Paulo na década de 1970

2. Corpo de Baile Municipal
   Danças sacras e profanas
   Mulheres
   Vivaldi

4. Marilena Ansaldi
   Depoimentos
   Escuta, Zé!
   Um sopro de vida
   Isso ou aquilo
   Por dentro/ Por fora

5. Sônia Mota
   Depoimento
   Cenas de aula no Galpão

6. Juliana Carneiro da Cunha
   Depoimento

7. Edson Claro
   Depoimento
   Imagens do Grupo Casa Forte

8. Renée Gumiel
   Mandala

9. Célia Gouvêa
   Depoimento

10. Ruth Rachou
    Sonho de valsa

11. Andança
    Agora Terpsícore

12. Ismael Ivo
    Rito do corpo na lua

13. Ivaldo Bertazzo
    Dédalo e o redemunho

14. Marika Gidali
    Diadorim

15. J.C. Violla e Lala Deheinzelin
    Valsa para vinte veias

16. Thales Pan Chacon
    Braço a braço

SITES

www.stagium.com.br

Créditos fotográficos

Acervo da autora / fotógrafo desconhecido: pp. 23, 25, 36, 37, 54, 55, 70, 76, 82 dir., 83 sup., 85

Arquivo Multimeios / Centro Cultural São Paulo / SMC / PMSP: p. 83 inf.

Djalma Limongi Batista: pp. 47 sup., 51

Emidio Luisi: pp. 53, 83 inf.

Folhapress: p. 50

Gerson Zanini: pp. 32, 33, 39, 46, 47 inf., 82 esq.

Leonardo Crescenti: pp. 72, 73 sup., 74

Maurice Vaneau: p. 73 inf.

Renato Folla: pp. 56, 57

Renée Gumiel: p. 26

Fotografia da capa: Gerson Zanini

Fotografias da quarta capa: Renée Gumiel (sup.), Emidio Luisi e Arquivo Multimeios / Centro Cultural São Paulo / SMC / PMSP (centro), acervo da autora (inf.)

Agradecemos à bailarina Penha de Souza pela disposição de seu acervo fotográfico.

Todos os esforços foram feitos visando a obtenção dos direitos de imagem dos artistas retratados neste livro. Aceitamos colaboração caso algum não tenha sido contatado.

Sobre a autora

Inês Bogéa é diretora da São Paulo Companhia de Dança, bailarina, documentarista e escritora. Doutora em artes (Unicamp, 2007), é professora no curso de especialização Arte na Educação: Teoria e Prática da Universidade de São Paulo (USP); foi professora no curso de especialização em Linguagens da Arte da Universidade de São Paulo/Maria Antônia (2006 a 2012). De 1989 a 2001 foi bailarina do Grupo Corpo (Belo Horizonte). Escreveu crítica de dança para a *Folha de S.Paulo* de 2001 a 2007. É autora de vários livros, entre eles *O livro da dança* (Companhia das Letrinhas, 2002), *Contos do balé* (CosacNaify, 2007), *Outros contos do balé* (CosacNaify, 2012) e organizadora de *Oito ou nove ensaios sobre o Grupo Corpo* (CosacNaify, 2000), *Kazuo Ohno* (CosacNaify, 2003), *Sala de ensaio: textos sobre a São Paulo Companhia de Dança* (Imprensa Oficial, 2010), entre outros. Dirigiu mais de 25 documentários sobre dança, entre eles *Renée Gumiel: a vida na pele* (2005), *Maria Duschenes: o espaço do movimento* (2006) e *Lenira Borges: uma vida para a dança* (2011). Na área de arte-educação, foi consultora da Escola de Teatro e Dança FAFI/ES (2003-2004) e no programa Fábricas de Culturas da Secretaria Estadual de Cultura de São Paulo (2007-2009). Site oficial: www.inesbogea.com.br

Fonte: Bodoni;
Papel: couchê fosco 90g;
Data: 09/2014; Tiragem: 2.000;
Impressão: Cromosete Gráfica e Editora

MISTO
Papel produzido a partir
de fontes responsáveis
FSC
www.fsc.org   FSC® C106054